交通事故裁判
和解例集

裁判上の和解における損害賠償実務とその傾向

弁護士法人サリュ　交通事故和解研究班　編著

第一法規

まえがき

　本書は、交通事故案件を多数扱う弁護士法人サリュ内部の研究班が、交通事故案件の裁判上の和解の内容を研究するために、他事務所の和解例を参照して整理したものである。

　交通事故裁判を取り巻く状況は、ここ数年で大きく変わってきており、交通事故発生件数自体は減少傾向にあるのに対し、裁判の数は大きく伸びているといわれている。

　このような状況の中で、交通事故案件を多数取り扱う弁護士であっても、示談交渉の際に、裁判所はどのように考えるだろうかと悩む問題は数多くある。たとえば、どのような事情で慰謝料増額を認めているか、家事従事者の休業損害はどの程度認定されるのか、資料の乏しい自営業者についてどの程度の休業損害や逸失利益を認めるか、減収がない場合の逸失利益の認定状況、逸失利益がないとされた場合の慰謝料の増額幅、後遺障害等級が認定されていない場合の後遺障害の認定、類型化されない事故の過失相殺などである。

　これらを知るには、まず交通事故裁判の裁判例を調査するのが一般的であろう。

　しかし、交通事故裁判のうち、判決までいくものは全体の3割程度にすぎないという点には留意しなければいけない。逆を言えば、7割程度が和解（実質和解の取り下げを含む）で終了しているのであり、むしろ交通事故裁判における裁判所の考え方は和解にこそ反映されている部分があるのではないか。たとえば、裁判例では整骨院への通院は医師の指示が必要条件とされていると説明されることが多いが、示談ではそれほど厳格には医師の指示まで要求されていないのが実務の現状である。では、裁判上の和解ではどうなのか？

　このような、実務家としての素朴な思いから、弁護士法人サリュの交通事故和解研究班は立ち上げられた。本書は、その集大成でもあり、経過報告でもある。

　交通事故和解研究班が調査した和解の数は、我々が代理人として関与したものを除いても300を超えるが、サンプルとしてはまだまだ十分ではない。それでも、発足前に想定していた以上の成果をみてとることができたことから、多くの実務家にとって、あるいは交通事故の損害賠償交渉に悩む被害者にとって役立つのではないかという思いから、そのうち120例を抽出してコメントを付し、本書を出版することにした。

　交通事故和解研究班発足前に、被害者側を担当する弁護士として抱いていたいくつかの希望的観測のうち、希望が現実化するものがある一方で、打ち砕かれているものもある。もちろん、まだまだサンプル数が足りずに判断できないものも多いが、これ

らの研究成果が、交通事故案件に関わる多くの実務家や交通事故被害者にとって有用であることは間違いないと確信している。

　しかし、和解が、判決と異なり、裁判記録に現れる証拠や主張だけではなく、そこに現れない多くの事実を汲み取って裁判所と双方当事者の主張がギリギリ重なる接点においてされるものであることには、十分に留意しなければならない。その意味で、各和解について安直なコメントをすることには慎重であるべきだと考えている。

　とはいえ、日常的に多数の交通事故案件に携わる我々交通事故和解研究班の弁護士が、裁判例の傾向などとの比較の観点からコメントを付すことの有用性もまたあるのではないかと考え、各和解については簡単なコメントを付させていただいた。交通事故案件の経験が少ないと考える実務家や交通事故被害者にとって、そのコメントが参考になることを願っている。

　本書を出版するにあたっては、第一法規の草壁岳志さんと秀嶋紗千子さんに大変なご尽力をいただいた。物腰柔らかいお二人の叱咤激励がなければ、本書を刊行することは叶わなかった。この場を借りて御礼申し上げたい。

平成 28 年 11 月

弁護士法人サリュ　交通事故和解研究班
弁護士　馬場 龍行

編著者紹介

弁護士法人サリュ　交通事故和解研究班

弁護士　馬場龍行
弁護士　竹内省吾
弁護士　成田　翼
弁護士　鹿野　舞
弁護士　三上　諒（平成28年3月退所）

　弁護士法人サリュ内の研究班の1つ。

　弁護士法人サリュは、山口県萩市に本店を構え、東京、埼玉、神奈川、愛知、大阪、福岡に支店を構え、被害者側専門の交通事故事件に特に注力している弁護士法人である（平成28年11月現在）。

　交通事故では、裁判となる多くの事件が和解で終了していることから、裁判例だけではなく和解例を研究することにも実務的に意義があるのではないかとの考えに基づき発足し、視野を広くという趣旨から特に他事務所の和解例を中心に裁判所における交通事故和解例の動向を研究している。

凡　例

1．和解例について

- 本書掲載の和解例は、平成26年中に裁判所で受理した事件より選定しています。
- 事件、当事者の特定を避けるため、事件番号は掲載しておりません。また、個人、団体名についても匿名化を行っております。
- 各和解例で掲載している情報については、和解の傾向を確認するうえで必要な範囲で抜粋、整理して掲載しております。そのため和解内容のすべてを掲載しているのものではありません。

2．表中の表記について

和解内容

■人身

	原告主張	被告主張	裁判所
治療関係費	999,720円	△	779,530円 ※1
通院交通費・宿泊費等	114,240円	×	△
休業損害	4,931,692円 ※2	538,238円	725,400円 ※3
傷害慰謝料	1,860,000円	900,000円	1,000,000円
後遺障害逸失利益	827,324円	484,593円	770,434円
後遺障害慰謝料	1,100,000円	○	○
総損害額			4,375,364円
損益相殺 うち自賠	▲1,716,080円		○
弁護士費用	800,000円		
請求額（認容額）			2,900,000円 ※4

- 表中の「○、△、×」について
  原告の主張について、被告と争いがない、または裁判所も同額を算定している場合は「○」、一部異なる場合は「△」、否定している場合は「×」で表示している場合もあります。
- 総損害額、請求額（認容額）について
  和解記録で記載がない場合は空欄としています。また、必ずしも個々の損害項目の総計ではありません。

3．略称等について

- 赤い本　　　公益財団法人日弁連交通事故相談センター東京支部『民事交通事故訴訟損害賠償額算定基準』
- 判タ【　】　東京地裁民事交通訴訟研究会『民事交通訴訟における過失相殺率の認定基準[全訂5版]　別冊判例タイムズ38号』判例タイムズ社（2014年）
  ※【　】内の番号は上記書籍中の各事故類型に付されている番号です。
- 賃セ　　　　賃金センサス
- 自賠、自賠責、自賠責保険
  　　　　　　自動車損害賠償責任保険

目　次

1. 治療費

1-1 接骨院・整骨院

①整骨院について、医師の指示と認められる記載がないが、治療の内容に照らし、和解に限り、整骨院も治療期間に算定した事例 ▶ **P.2**

②傷病名が「打撲」であることから、整骨院の通院について必要性、相当性を認めることができないので、治療費につき原告主張の7割にとどめた事例 ▶ **P.4**

③整骨院の施術費用をすべて否定した事例 ▶ **P.6**

④整骨院の通院の一部については、相当因果関係を認めるが、3か月通院を中断した後の整骨院の通院については相当因果関係を否定した事例 ▶ **P.8**

1-2 通院期間

⑤医師の過失によりTFCC損傷の発見が遅れ、治療期間が長期化したが、事故と医療行為との間に共同不法行為が成立するとして、TFCC損傷も含めた治療期間を認めた事例 ▶ **P.10**

⑥右手首の受傷の有無が問題になったものの頸椎捻挫治癒後の右手首治療も慰謝料の算定基礎とされた事例 ▶ **P.12**

⑦症状固定まで13か月の通院期間のうち整形外科への通院21日、接骨院への通院219日であるが、ギプス固定の2か月を含めて、通院期間を13か月認めて慰謝料を算出した事例 ▶ **P.13**

⑧頸椎・両膝捻挫で、症状固定まで約1年1か月を要したが、通院期間として相当因果関係を認める範囲を6か月とした事例 ▶ **P.14**

⑨右示指挫傷、胸部腰部打撲、右下肢擦過傷につき約2年5か月通院したが、治療内容や改善状況に照らし、原告の主張を認めた事例 ▶ **P.16**

⑩頸・腰・膝の捻挫で完治までに約7か月を要したが、6か月を相当な通院期間とした事例 ▶ **P.18**

⑪治療が途中1か月中断されているが、実費の支払をしていることに照らし、治療費に関し、原告主張の通院期間を認めた事例 ▶ **P.20**

⑫再入院の必要性を否定し、その範囲で治療期間を認めた事例 ▶ **P.22**

⑬頸椎・腰椎捻挫及び打撲において約7か月の治療を経て症状固定したが、和解に限り原告の主張を認めた事例　▶ P.24

⑭事故によるPTSDの主張に対し、それを否定し、それに対する通院期間を否定した事例　▶ P.26

2. 休業損害・逸失利益

2-1 家事従事者

⑮原告主張の半額の家事従事者としての休業損害が認められた事例　▶ P.30

⑯名目取締役である原告には勤務実態がないとしつつ、家事従事者として賃セで休業損害を計算した事例　▶ P.32

⑰日常的に義母・実母の介護をしていたがそれができなくなったとして、賃セ年齢別で症状固定まで3割の休業損害を認めた事例　▶ P.34

⑱要介護認定を受けていた亡●●が息子夫婦と3人で生活していた事案において、その実態から、家事従事者としての休業損害を否定した事例　▶ P.36

⑲65歳の母と同居していたとして家事従事者としての休業損害を主張した（実態は兼業）が、家事分担の内容や程度、母の年齢等に照らし、家事従事者とは認められないとした事例　▶ P.38

⑳兼業家事従事者の基礎収入算定につき、収入及び稼働時間を考慮し、家事従事者として300万円とした事例　▶ P.40

㉑315日間の通院期間のうち90日分についての家事従事者としての休業損害を認めた事例　▶ P.42

2-2 個人事業主

㉒休業損害については固定費を含めた金額を基礎とし、逸失利益については固定費を含まない金額を基礎収入とした事例　▶ P.44

㉓自作の収支表で収入を示した原告に対し、確定申告に基づき年収、減価償却地代、租税、損害保険料を足した金額を基礎収入とした事例　▶ P.46

㉔能率給の受領の立証ができず、業務委託についての確定申告もしていない事案において、男子全学全年平均の約1割増しの金額を基礎収入とした事例　▶ P.47

㉕実弟の下で内装業を営んでおり、収入立証ができない事案において1日当たり5,700円を認めた事例　▶ P.48

㉖赤字続きだが、生活をしていたことから、経費控除前の金額を参考に基礎収入を決定した事例　▶ P.49

㉗建築請負につき収入資料がないものの、生計を立てる収入はあったことが認められるため、男子学歴の賃セで基礎収入を認定した事例　▶ P.51

㉘現実の減収があるが、全額について事故と因果関係があるとは認め難いことから70％を休業損害として認めた事例　▶ P.53

2-3 役員

㉙代表取締役について、会社の仕事内容、売上げの推移等を勘案して、年額96万円を労働対価として認めた事例（実年収805万円強）　▶ P.55

㉚会社の規模・売上高等の事情から、労働対価を役員報酬の約30％の限度で認めた事例　▶ P.57

㉛役員報酬について、収入の50％の部分休業を認めた事例　▶ P.59

㉜役員であった被害者の休業損害について、業務に従事できなかった可能性を指摘して一定程度認めた事例　▶ P.61

㉝役員報酬について、労働対価性が低いとして、賃セ男子全年齢平均を基礎に基礎収入を認めた事例　▶ P.62

2-4 醜状変形

㉞年齢や職業、腰痛の症状から労働能力喪失率表の数値をそのまま採用した事例　▶ P.64

㉟顔面醜状9級16号。労働能力への影響はほとんどないが、しびれや感覚障害があることから労働能力喪失率7％を認めた事例　▶ P.66

㊱固定時9歳男性、前額部線状痕14級10号。就労可能性に対する不利益の可能性と将来の不確実な事実に関わる点を考慮して、労働能力喪失率2％を認めた事例　▶ P.68

㊲鎖骨変形と脳挫傷痕の後遺障害等級（併合11級）を残す45歳原告の逸失利益につき、労働能力喪失率14％、労働能力喪失期間20年を認めた事例　▶ P.69

㊳高校1年生・男性が顔面醜状9級16号を残した件につき、年齢に照らし職業選択や就労への影響から一定の逸失利益を認めたが、期間を制限した事例　▶ P.71

㊴27歳女性で、左頬部瘢痕12級14号。減収はないが対人関係の心理的負荷、営業への異動可能性から一定の逸失利益を認めた事例　▶ P.73

㊵68歳の家事従事者で、醜状7級12号。労働能力喪失率について14％を認めた事例　▶ P.75

2-5 減収なし
㊶固定時44歳生命保険営業。14級9号。減収ないが5％5年を認めた事例　▶ P.77

㊷減収はないが5％5年の逸失利益を認めた事例　▶ P.79

㊸固定時57歳給与所得者。腰椎変形11級7号。減収はないが、将来的な収入減少をもたらす可能性から労働能力喪失率10％を認めた事例　▶ P.81

㊹固定時30歳給与所得者。14級9号で減収はないが経済的不利益を総合考慮して5％5年を認めた事例　▶ P.83

㊺事故時39歳テレビ局勤務で14級9号を残した被害者について、減収はないが5％5年の逸失利益を認めた事例　▶ P.85

㊻固定時28歳。外傷性頸部症候群、脊髄空洞症。14級9号。過去の収入状況を参考にして賃セの9割を基礎収入とした事例　▶ P.87

2-6 むち打ち以外の14級・12級
㊼左大腿骨顆部骨折、左腓骨骨頭骨折、左大腿内転筋断裂で12級13号（可動域制限もあり）の被害者に逸失利益10年14％、その後10年7％を認めた事例　▶ P.89

㊽固定時65歳タクシー運転手。骨盤骨折、左橈骨遠位端骨折、右肋骨骨折、TFCC損傷、12級6号（左手関節機能障害）。14％10年の事例　▶ P.91

2-7 生活費控除
㊾死亡時64歳女性。年金（老齢基礎年金、寡婦年金）と自営による収入（50万円。ただし、収入資料ないまま認めた）についてまとめて生活費控除率30％とされた事例　▶ P.93

㊿年金生活であり、他に収入がないことを考慮し、生活費控除率を50％とした事例　▶ P.95

(51)死亡時 86 歳。収入が年金のみであることから生活費控除率を 60%とした事例 ▶ P.96

(52)死亡時 79 歳女性会社員。高齢とはいえ女性であり生活費控除率を 30%とした事例 ▶ P.98

(53) 18 歳男子の死亡慰謝料につき 2,300 万円が認められた事例 ▶ P.100

(54)死亡時 65 歳。給与所得あり。生活費控除率は年金部分は 60%、給与部分は 30%とした事例 ▶ P.101

(55)死亡時 77 歳家事従事者。賃セ（70 歳以上女性）の 70%を基礎収入として、生活費控除を 30%とした事例 ▶ P.103

2-8 休業期間

(56)出来高制のシステムエンジニアの基礎収入について、月 50 万円を主張するも、確定申告に照らせば年収 200 万円を基礎収入とするべきと判断した事例 ▶ P.105

(57)休業損害につき、期間については原告の主張する期間（465 日間）を認めたが、事故前収入を基礎に 20% の割合に限り休業損害を認めた事例 ▶ P.107

(58)高次脳機能障害 9 級 10 号。傷害の内容を考慮し、事故後 387 日については全額、その翌日から症状固定までは 70% の休業損害を認めた事例 ▶ P.109

(59)後遺障害等級非該当の被害者が病院への通院 1 回、その後は整骨院への通院であったが、整骨院への通院後の休業損害は実通院日数の 30% で計算した事例 ▶ P.111

(60)タクシー運転手で後遺障害等級非該当の原告主張の 60%を休業損害として認めた事例 ▶ P.113

(61)固定時 49 歳給与所得者。腰 14 級 9 号。休損証明書の内容が課税証明書より過大であることを理由に休損証明書記載の金額全額の休損を否定し、過去の収入から認めた基礎収入を前提に休損証明書記載の全額の 4 割を認めた事例 ▶ P.115

(62)固定時 49 歳個人事業主。14 級 9 号。期間は症状固定までの約 11 か月とするが、傷害の内容、程度等に鑑みて全休が必要であったとは認め難いから休業割合は 2 割とした事例 ▶ P.117

2-9 喪失期間

(63)大学生左肩可動域制限 12 級認定も改善可能性あり、逸失利益を 22 年 14%、その後 21 年を 9 %とした事例 ▶ P.119

(64)左中指 PIP 関節脱臼、左膝挫創、下あご骨骨折、左側頭骨骨折。14 級。事故当時学生であり、現実の収入減少を認められず、休業損害は認められないとされた事例 ▶ P.121

(65)固定時 36 歳教師。頸椎捻挫 14 級 9 号。逸失利益について 5％5 年を認めた事例 ▶ P.123

(66)固定時 49 歳システム会社の技師。左脛骨高原骨折、左膝外側半月板断裂、外傷性膝変形性関節症。12 級 13 号。労働能力喪失期間について原告 18 年の主張に対して 10 年を認めた事例 ▶ P.125

(67)頸椎捻挫 14 級 9 号。原告は喪失期間 18 年で主張したが、他覚的所見のない頸椎捻挫であることを理由に 5 年とした事例 ▶ P.127

(68)固定時 52 歳飲食店経営。鎖骨変形 12 級 5 号。後遺障害認定は変形だが、痛みもあるので 14 級 10 年を認めた事例 ▶ P.128

3. 慰謝料

3-1 慰謝料増額

(69)固定時 26 歳給与所得者。鎖骨変形 12 級と左頬神経症状 14 級。労働能力喪失は認め難いが、変形による将来不安等に鑑みて慰謝料を 100 万円増額した事例 ▶ P.132

(70)自賠非該当も後遺障害分の慰謝料増額の主張がされ、その一部が認定された事例 ▶ P.134

(71)実 6 日の通院（期間 6 か月）の慰謝料算定につき通院 4 か月として慰謝料算定をした事例 ▶ P.136

(72)事故後 4 か月の治療中に被害者が死亡し、7 か月の休業損害及び慰謝料の増額を認めた事例 ▶ P.138

3-2 死亡慰謝料

(73) 74 歳の死亡慰謝料につき、相続人が長期間交渉していなかったとしても本人固有と合わせ 2,150 万円とした事例 ▶ P.140

(74) 86 歳の死亡慰謝料を本人及び息子 1 人分含め 2,200 万円認めた事例 ▶ P.141

(75) 63 歳家事従事者の死亡慰謝料を夫、子ども３人分含め 2,400 万円認めた事例 ▶ P.142

(76) 76 歳女性の死亡慰謝料につき、本人 2,000 万円、近親者３人にそれぞれ 100 万円を認めた事例 ▶ P.143

(77) 70 歳の被害者の死亡慰謝料につき、2,800 万円が認定された事例 ▶ P.144

4. 異なる等級

4-1 等級が下がったケース

(78)後遺障害 12 級 13 号認定も逸失利益喪失率を 12% とした事例 ▶ P.146

(79)両下肢の醜状（各 12 級）及び神経症状（各 14 級）が認定されるも逸失利益は 5% 5 年に制限された事例 ▶ P.148

4-2 認められなかったケース

(80)頸椎・腰椎で併合 14 級で、12 級前提の請求をするも 14 級相当の認定とした事例 ▶ P.150

(81)自賠非該当で 14 級相当の半額の慰謝料を請求するも認定されなかった事例 ▶ P.152

(82)自賠 14 級 9 号で、12 級前提の請求をするも 14 級相当の認定をした事例 ▶ P.154

(83)自賠非該当で 14 級前提で請求するも認定されなかった事例(1) ▶ P.156

(84)自賠非該当で 14 級前提で請求するも認定されなかった事例(2) ▶ P.158

(85)自賠非該当で 14 級前提で請求するも認定されなかった事例(3) ▶ P.160

5. 過失相殺・素因減額

5-1 過失相殺

(86)非接触であることから基本過失割合より５％不利に過失割合が修正された事例 ▶ P.164

87 台風の風雨等を考慮し原告の過失を20％とした事例 ▶ P.166

88 ガードパイプがあることをもって横断禁止の過失修正をするかが争われ、結論としては否定された事例 ▶ P.168

89 先行車線変更車と後続直進車の事故につき著しい合図遅れを認定した事例 ▶ P.170

90 横断歩道横断開始時に22メートルの距離にいたものの夜間修正のみされた事例 ▶ P.172

91 歩行者の赤信号進入か黄信号進入かが争われた事案で、裁判所は赤信号進入として被害者の過失を70％とした事例 ▶ P.174

92 エンジントラブルで路肩に寄った原告車に後続車両が衝突した事案で、過失相殺が20：80と判断された事例 ▶ P.176

93 免許取得3日後と知りながら自動二輪車に同乗し、2割の好意同乗減額をした事例 ▶ P.178

94 歩行者の飲酒を認定し過失を比較的重く認めた事例 ▶ P.180

95 渋滞する隣の車線からの対向右折車との事故につき、直進車に15％の過失を認定した事例 ▶ P.181

96 自損事故で停止しかけているところに追突され過失割合40：60の事例 ▶ P.183

97 歩行者用信号に車両が従う必要はないものの減速していないこと等により過失を80％認定した事例 ▶ P.185

98 渋滞中の車両間を右折する四輪車と、直進自動二輪車の事故で、自動二輪車の過失を15％にとどめた事例 ▶ P.187

99 横断歩道上の自転車に自動車が衝突し脇見運転の修正がされた事例 ▶ P.189

100 車線変更車と直進車の事故につき、直進車の過失をゼロとした事例 ▶ P.191

5-2 素因減額

101 胸椎圧迫骨折（変形11級）の62歳女性の骨粗鬆症の既往歴を素因としなかった事例 ▶ P.192

⑩²頸椎・腰椎捻挫につき後遺障害非該当の判断がされるも、7か月の治療期間及び休業期間が認められた事例 ▶ P.194

⑩³ぎっくり腰の既往がある腰椎捻挫被害者に10％の素因減額を肯定した事例 ▶ P.196

6. 物損

6 物損

⑩⁴登録18年の外国車について事故直前の査定額からの減額分につき、評価損を一部肯定した事例 ▶ P.200

⑩⁵登録15年経過の高級外国車に評価損1割のほか代車費用94日を認定した事例 ▶ P.202

⑩⁶定率法を用いて原告修理見積りよりも低い修理費用を認定した事例 ▶ P.203

⑩⁷定率法を用いて事実上は耐用年数を12年とし、時価額を算定した事例 ▶ P.204

⑩⁸購入後約6か月の国産車につき修理費用の2割を評価損と認定した事例 ▶ P.205

⑩⁹購入後約7か月で2万3,000キロメートル走行の高級外国車の評価損を査定された額で認めた事例 ▶ P.207

⑩登録2年で2万キロメートル走行の高級外国車について、損傷が極めて軽微であることから評価損が否定された事例 ▶ P.209

⑪550万円以上の代車費用の請求について40万円の限度で認めた事例 ▶ P.210

⑫代車が同等性能の車種より高額であるとして日額を制限した事例 ▶ P.211

⑬休車損害を原告につき51日間、被告につき55日間認めた事例（日額算定の方法など） ▶ P.212

⑭買換期間及び交渉期間の合計47日間の代車使用期間を認めた事例 ▶ P.214

⑮登録後2年以上経過し2万キロメートル以上走行の高級車につき修理費の約20％の評価損が認められた事例 ▶ P.216

7. その他

7 その他

⑯路外への後退進出車と自転車との衝突で、自転車の過失を0％とした事例 ▶ P.218

⑰3つの事故が重なったが、第1事故について非該当、第2、第3事故については共同不法行為が成立することを認めた事例 ▶ P.220

⑱外国人留学生の損害算定に当たり、為替レートの基準時を事故日とした事例
▶ P.222

⑲高次脳3級、複視10級の併合2級の原告の将来介護費を1日3,000円と認定した事例 ▶ P.224

⑳就職が決まっていた看護学生の就職遅れと追加学費を損害として認めた事例
▶ P.226

1. 治療費

> **1-1** 接骨院・整骨院　　**1-2** 通院期間

　治療費についてよく争点となるのは、接骨院・整骨院や鍼灸などの施術費用が交通事故による損害といえるかと、通院期間の適切性である。
　まず、前者については、賠償責任者付保の保険会社が任意での支払をしている部分については、示談交渉時において争点となることは実は少ない。裁判実務においては、これらの施術費用については医師の指示等がなければ損害として認定できないとされているといわれることも多いが、この点については被害者側の要望や社会的認知を保険会社が知覚して裁判実務よりも緩やかに損害を認め対応しているといえるところである。しかし、一度裁判になってしまうと、加害者側代理人（実質的には保険会社代理人であることが多い。）としては、裁判実務がそうである以上は上記施術費用が損害といえるかについて争点化することが多いのではないだろうか。このような場合に、判決では「医師の指示」の有無でドラスティックな解決がされるとしても、和解においては柔軟な解決がされている可能性はないだろうかという問題意識がある。結論としては、争点化された場合には和解といえども無条件に上記施術費を損害として認めるわけではないが、ある程度の救いもみえたと考えている。
　次に、通院期間についても、争点化して深刻な問題となるのは治療費が既払いである部分の通院期間まで否認される場合である。この場合も、和解であれば既払いであることを理由に少なくとも実費部分については損害認定されることが多いのではないかという期待を持っていた。結論としては、それほど甘くはないという印象である。

1-1　接骨院・整骨院

①整骨院について、医師の指示と認められる記載がないが、治療の内容に照らし、和解に限り、整骨院も治療期間に算定した事例

事故概要

- 事故日：平成 24 年 12 月 18 日
- 職業等：事務職
- 症状固定日：平成 25 年 10 月 31 日
- 被害態様：
  - 傷病名：首・腰・右肩打撲
  　　　　　心的外傷後ストレス障害
  - 通院状況：通院日数　実 346 日

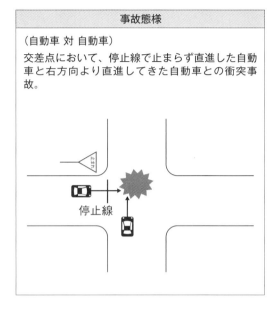

事故態様

（自動車 対 自動車）

交差点において、停止線で止まらず直進した自動車と右方向より直進してきた自動車との衝突事故。

和解内容

■ 人身

	原告主張	被告主張	裁判所
治療関係費	810,422 円		773,462 円 ※ 1
通院交通費・宿泊費等	10,270 円		7,390 円
傷害慰謝料	1,521,328 円	350,000 円 ※ 2	920,000 円
総損害額			
請求額（認容額）			
備考	※ 1 症状固定は平成 25 年 6 月末を越えない（後遺障害診断書上は平成 25 年 10 月末）。 心的外傷後ストレス障害との因果は認め難い。 整骨院医師の指示との認定はないが、内容に照らし和解限り認められる。 →原告主張同旨（神戸地判平成 7 年 9 月 19 日　交通事故民事裁判例集 28 巻 5 号 1384 頁、東京地判平成 8 年 12 月 18 日　交通事故民事裁判例集 29 巻 6 号 1809 頁） 素因減額はしない。 ※ 2 3 月末で固定。3 月までの実通院は 35 日。		

■ 物損

	原告主張	被告主張	裁判所
修理費用			1,650,051 円
評価損			557,000 円 ※3
代車費用			300,000 円 ※4
査定料			11,325 円
総損害額	4,860,396 円		
過失相殺	0%	20%	20%
損益相殺	▲602,409 円	○	○
請求額（認容額）※5	4,672,426 円		2,591,373 円
備　考	※3 平成24年　11,173キロメートル走行、BMW320i ツーリング ※4 代車期間2か月 ※5 人身と合わせて算出		

コメント　10か月以上通院した原告、症状固定は事故から3か月程度と主張する被告に対し、裁判所は約6か月を基準とした。むち打ちについて通院期間が争われると、裁判所としては3〜6か月で症状固定と判断する傾向にあるように思われるが、3か月程度の通院で症状固定をして後遺障害を申請しても14級の認定がほとんどされないことを踏まえると、原告としては少なくとも治療費が支払われていたケースにおいては最低半年の認定をしてもらいたいところであろう。また、整骨院への通院は医師の指示はないもののその内容から和解に限りという留保を付けて認められている点も参考になる。整骨院での施術内容が、整形外科での診断内容と整合していることが必要条件といえよう。

1-1 接骨院・整骨院

②傷病名が「打撲」であることから、整骨院の通院について必要性、相当性を認めることができないので、治療費につき原告主張の7割にとどめた事例

事故概要

- 事故日：平成24年11月2日
- 事故態様：自動車 対 自転車
- 職業等：会社員
- 症状固定日：平成25年4月30日（51歳　男）
- 被害態様：
  - 傷病名：左肩打撲、肋骨打撲
  - 通院状況：通院日数　実139日
  - 後遺障害等級：非該当
  - 既住症：なし

和解内容

■ 人身

	原告主張	被告主張	裁判所
治療関係費	1,104,704円		773,292円 ※1
治療雑費	2,224円		○（和解限り）
通院交通費・宿泊費等	70,123円		49,086円
損害賠償請求関係費用	222,000円		○ ※2
傷害慰謝料	1,160,000円		890,000円 ※3
総損害額			
過失相殺	0%		0% ※4
弁護士費用	150,000円		0円
調整金			12,182円
請求額（認容額）	1,692,877円		700,000円
備考	※1 ※2のとおり、頻回な整骨院への通院について、その必要性、相当性は検討の余地があり、主張額の7割の範囲で認める。 ※2 受傷機序からして打撲が中心である原告の主張内容に照らせば、135回に及ぶ頻回な整骨院の通院について必要性、相当性を認めることはできず、本件事故との相当因果関係のある施術は相当程度限定されるというべきである。また、病院においても、本件事故との関連性に疑問がある治療が含まれていることがうかがわれる。他方で、治療費及び文書料が既払いになっていることも考慮し、和解に限り、治療費を原告主張の7割、文書料を原告主張の範囲で認める。 ※3 原告の受傷機序は、自転車でふらつくようにその場で左に転倒したというものであり、受傷内容は、左肩及び胸部の他覚的所見のない打撲ないし炎症が中心で、受傷直後は症状が軽度と判断されていること、平成25年4月の段階で「不定愁訴」と診断されていることから、この頃にはすでに原告の症状と本件事故との関連性を認めるのが難しい状況に至っていたと考えられること等、受傷の内容や治療経過を総合考慮し、和解では治療期間を半年程度と認め、赤い本別表Ⅱを参照して慰謝料を算定する。 ※4 判タ【233】を参照し、夜間－5、直前ドア開放－10に加え、被告車の停車位置が道路の左側端でないことも併せ考慮し、過失相殺はしない。		

■ 物損

	原告主張	被告主張	裁判所
修理費用	99,800 円		67,210 円 ※5,6 車両修理費用、付属品、着衣まとめて
付属品	56,460 円		
着衣	132,850 円		
代替交通費	21,420 円		10,710 円 ※7
総損害額			
請求額（認容額）			
備考	※5 車両について 証拠によれば、原告車は被告車の前に進出し、その場でふらつくようにして左側に転倒したことが認められ、実況見分では、前かご部分が損傷箇所として特定されたことが認められる。以上の事実からすれば、右ホークの傷、チェーンカバーの傷、右サイドバスケットの損傷、ハンドル左側に設置されている傘立ての損傷は、いずれも本件事故によって生じたものとは考えにくいし、ふらつくように転倒したことで原告車が全損にまで至ったとは考えにくい。また、原告主張によると、原告自転車は、平成21年1月頃に購入されたもので、本件事故時には4年近くが経過しており、本件事故以外の損傷、劣化もあった可能性は否定できない。付属品についても、上記のとおり、本件事故によって損傷したとは考えにくいものが含まれているうえ、ふらつくように転倒したことで、カバンの中にあったバッテリーが損傷するか否かは明らかとはいえず、仮に損傷したとしても、本件事故時には購入から4年近くが経過したバッテリーであることから、残存価値は乏しいというほかない。以上によれば、損害の立証には困難な面があるというべきであるが、和解に限り、一定の限度で認める。 ※6 着衣について 原告は、購入価格を前提に損害の主張をするが、いずれも本件事故時点で、購入から相当程度の時間が経過しており、残存価値は極めて乏しいというべきである。また、※5のとおり、原告はふらつくように左側に転倒したものであるから、原告が主張する着衣損害には右側面のものなど、本件事故によって生じたとは考えにくいものも含まれているというべきである。以上から、※5と同様、損害の立証には困難な面もあるが、和解に限り、記載の限度で認める。 ※7 原告車が、本件事故によって全損になった点に疑問があり、交通費を支出した裏付けがないこと、1か月という期間の根拠が明らかでないことから原告主張を認めるのは困難であるが、和解に限り、原告主張の5割の限度で認める。		

コメント 治療の必要性、物損関連費用が争いになった事案である。前者については、比較的軽微な受傷であると認定されたが、135回の整骨院の施術費のうち7割が認められており、判決に至った場合には、これより厳しい判断がされていた可能性は否定できない。後者については、転倒態様と自転車の損傷箇所が完全に一致するとはいえない中、自転車等の残存価値については否定的な心証となっているものの、原告請求（代替交通費も含めて）の相当部分は認められており、これも判決に至った場合には、原告により厳しい判断がされていた可能性がある。原告にとって受け入れやすい和解案であったといえる。

1-1 接骨院・整骨院

③整骨院の施術費用をすべて否定した事例

事故概要

- 事故日：平成25年7月31日
- 職業等：X2の代表取締役（テレビ・ラジオの製作）
- 症状固定日：平成26年1月24日（36歳）
- 被害態様：
  - 傷病名：頸椎捻挫・腰椎捻挫
  - 通院状況：通院日数　実70日（接骨院66日、病院は平成25年12月18日から固定までの11日）
  - 後遺障害等級：非該当
  - 既住症：なし

事故態様

（自動車 対 自動車）
首都高速におけるジャンクションでの合流時の事故。

和解内容

■ 人身

	原告主張	被告主張	裁判所
治療関係費	599,920円	整骨院分は×	551,970円（整骨院を除く）
傷害慰謝料	1,100,000円	793,000円	800,000円
総損害額			
過失相殺	0%	30%	20% ※1
損益相殺　うち自賠	▲599,890円		
弁護士費用	116,478円		
請求額（認容額）	1,216,478円		500,000円
備　考	※1 衝突直前の原告車と被告車の位置関係に争いはあるが、道路の種類（首都高）、付近の道路の状況（合流車線の形状、道路標示等）、衝突地点、損傷部位、損傷状況、原告車と被告車の速度・進行態様、原告車運転者が本線に進入する被告車を視認した状況、視認可能性、被告車の進入前の左後方の確認の態様、合図の態様、本線への進入の態様および衝突の態様についての立証状況に鑑み、原告の過失を20%とする。		

■ 物損

	原告主張	被告主張	裁判所
修理費用	282,870 円	○	○
代車費用	代車相当交通費 64,780 円		42,000 円
総損害額			
弁護士費用	28,287 円		
請求額（認容額）	311,157 円		259,896 円

コメント 整骨院の治療費及び過失が問題となった事案である。整骨院分も含めた治療費のほとんどは支払済みであったが、裁判所は、支払済みであった整骨院の治療費を認めなかった。また、過失について、判タ【311】基本過失割合は、原告が30％であるが、事案に即し、原告に10％有利に修正がされた。医師の指示なき整骨院への通院費用は損害として認定しないのが、裁判所の基本的立場である。しかし、現実には、そのような整骨院への通院がされることは多く、保険会社も特に留保なく整骨院施術費の支払をしていることがほとんどであるため、裁判となると争点化しやすい。本件では施術費用がそれほど多額でなかったことから、否定されても全体のバランスがとりやすく原告としても和解に応じやすかったのではないだろうか。

1-1 接骨院・整骨院

④整骨院の通院の一部については、相当因果関係を認めるが、3か月通院を中断した後の整骨院の通院については相当因果関係を否定した事例

事故概要

- 事故日：平成25年7月2日
- 事故態様：自動車 対 自転車
- 職業等：ジムインストラクター（3回欠勤）
- 症状固定日：平成26年1月29日（21歳）
- 被害態様：
  - 傷病名：頸椎捻挫
  - 通院状況：通院日数　実16日
  - 後遺障害等級：非該当
  - 既往症：なし

和解内容

■ 人身

	原告主張	被告主張	裁判所
治療関係費	87,050円		50,000円 ※1
入通院付添費	5,600円		0円
損害賠償請求関係費用	5,250円		○
休業損害	14,311円		0円 ※2
傷害慰謝料	1,240,000円		80,000円
総損害額			
過失相殺			15% ※3
弁護士費用	135,000円		
請求額（認容額）			
備考	※1 7月2日、10日の整形外科通院と、7月17日、8月8日の整骨院通院は相当因果関係を認めるが、その後は11月まで治療中断があるうえ、具体的な治療内容も明らかでないことから、相当因果関係を認めない。ただし、後遺障害診断書は作成しているから損害賠償関係費用として認める。 ※2 裏付けなし。 ※3 判タ【236】、基本は自転車20％。 　交差点の見通しの悪さは基本過失割合において考慮済みといえるが、早期解決の見地より15％とする。		

■ 物損

	原告主張	被告主張	裁判所
修理費用	329,102円		○
総損害額			
過失相殺			15% ※3
請求額（認容額）			

コメント 7か月弱の治療期間中、約3か月の治療中断がある事案である。裁判所は、事故から1か月以内の治療の相当因果関係を認めたが、その後約3か月治療の中断があり、11月以降の治療は相当因果関係を認めなかった。結論として、妥当だろう。

1-2 通院期間

⑤医師の過失によりTFCC損傷の発見が遅れ、治療期間が長期化したが、事故と医療行為との間に共同不法行為が成立するとして、TFCC損傷も含めた治療期間を認めた事例

事故概要

- 事故日：平成20年8月20日
- 職業等：清掃業（母が管理しているマンション）
- 症状固定日：平成23年10月28日（24歳）
- 被害態様：
  - 傷病名：肋骨骨折、胸椎棘突起骨折、右手TFCC損傷疑い
  - 通院状況：入院日数　2日
    　　　　　通院日数　実250日

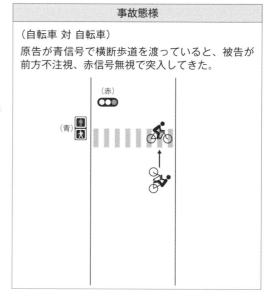

事故態様

（自転車 対 自転車）

原告が青信号で横断歩道を渡っていると、被告が前方不注視、赤信号無視で突入してきた。

和解内容

■ 人身

	反訴原告主張	反訴被告主張	裁判所
治療関係費	332,627円		332,627円 ※1
入通院付添費	66,000円		0円 ※2
自宅付添費	250,000円		60,000円 ※2
通院交通費・宿泊費等	26,130円		26,130円
休業損害	66,000円		6,6000円 ※3
傷害慰謝料	2,000,000円		1,650,000円 ※4
雑費	4,888円		1,108円 ※5
総損害額			
損益相殺			▲170,000円
うち自賠			
弁護士費用	250,000円		
調整金			384,735円
請求額（認容額）	3,035,645円		2,350,000円

備考	※1 証拠（医療照会）によれば、結果的には TFCC 損傷（三角線維軟骨複合体損傷）に対する治療遅れがあったと認められ、初診時の医師の治療行為によって、反訴原告の症状が悪化（治療が長期化）したといえるが、反訴原告の TFCC 損傷は本件事故により生じたと考えられ、それ自体が医療行為によって生じたわけではないこと、鑑別診断から手術の実施に至る一連の経過が直ちに不合理なものといえないこと（結果として治療遅れが具体的な医師の過失によるとまで認めるに足りる証拠はないこと）からすれば、反訴原告に生じた結果と本件事故との間に相当因果関係を認めるのが相当であり、医師に過失があるとしても、本件事故と密接に関連する医師の過失が競合したものとして共同不法行為が成立し、反訴被告は反訴原告に生じた全損害を賠償する責任を負うと認めるのが相当である。 なお、結果に対する本件事故の寄与の割合は大きいというべきであり、寄与度減責を認めなければ公平性・相当性を失するとはいえないから寄与度減責は認めない。 ※2 反訴原告において日常生活動作が大きく制限されたり、歩行ができないために通院が困難であるような事情は認められないから、通院付添いの必要性・相当性を認めるのは困難である。 もっとも、証拠（診断書）によれば反訴原告は本件事故後、肋骨骨折等により体幹プラスチックギプス固定等の保存療法を実施していたことが認められ、事故後1か月程度は、日常生活において、随時の介助ないし補助が必要であったと認めるのが相当であるから、30日に相当する期間について日額 2,000 円の範囲で本件事故と相当因果関係のある自宅付添費用を認める。 ※3 証拠では、領収書のあて名が「●●」と記載されているのみであり、費用の支出主体や反訴原告の業務との関連性は明らかとは言い難いが、反訴原告が行っていた清掃等の業務について現に代替費用が発生し、これを反訴原告が負担したものと認め、和解に限り、領収書で裏付けられている実費相当の損害を認める。 ※4 初診時の医者と共同不法行為が成立すると考えられる（※1）ことから、治療期間は平成 20 年 8 月 20 日〜平成 23 年 10 月 28 日を前提に通院実日数は原告主張の日数を前提とする（実日数 250 日）。もっとも鍼灸院の通院が頻繁かつ多数（201 回）にも上っており、反訴原告の受傷部位、程度（治療の遅れにより残存した痛みの部位）に照らし、長期間に及び鍼灸院の通院の必要性・相当性に疑問があるため、慰謝料の算定においては、鍼灸院の通院日数を事故から半年である平成 21 年 2 月 20 日までの 76 回の限度で認め、実通院 125 日、入院 2 日として赤い本別表Ⅰで計算する。 ※5 医療用品代 1,108 円の限度で認める。

コメント TFCC 損傷の発見遅れ及びそれによる治療の長期化について、医師の過失であるとしても、事故との間で共同不法行為が成立すると認定することによって、反訴原告の治療期間について TFCC 損傷を含めた約 3 年とした。レントゲンからは直ちに診断できないため、見落とされることも少なくない TFCC 損傷は、治療期間が長期化する傾向にあるが、それについての裁判所の判断として、非常に参考になる。

1-2 通院期間

⑥右手首の受傷の有無が問題になったものの頸椎捻挫治癒後の右手首治療も慰謝料の算定基礎とされた事例

事故概要

- 事故日：平成25年2月21日
- 事故態様：自動車 対 自動車
  追突。原告車両損害1,139,964円
- 職業等：営業
- 年収：3か月で105万円
- 症状固定日：平成25年11月13日（39歳）
  （被告は7月12日を主張）
- 被害態様：
  - 傷病名：頸椎捻挫、右手首関節痛
  - 通院状況：通院日数　実78日

和解内容

■ 人身

	原告主張	被告主張	裁判所
治療関係費	10,630円	×	○ ※1
休業損害	31,818円	11,667円	○ ※2
傷害慰謝料	1,373,666円	758,000円	1,050,000円 ※3
総損害額			
弁護士費用	141,600円		
調整金			57,552円
請求額（認容額）	1,557,714円		1,150,000円
備考	※1 原告の右手首関節痛については争いがあるが、和解における実損害の回復という趣旨に鑑みて治療費としては全額を計上する。 ※2 休損証明書において休業の事実を認めることができ、これが事故から間もない時期であることから、本件事故との因果関係は認められる。そのうえで、和解案としては、原告どおりの計算方法での額を計上する。 ※3 現時点での主張立証によると、原告の右手間接捻挫と本件事故との結び付きを否定することはできないとしても、原告の主訴である頸椎捻挫に関しては、平成25年4月から5月にはほぼ治癒しており、その後はリハビリ中心であり、その他傷害の内容等から105万円を計上する。			

コメント　一見必ずしも事故との因果関係が明らかではない右手首の捻挫が問題になった事案で、主訴である頸椎捻挫が事故から3か月時点で「ほぼ治癒した」と認定しながらも、右手首の通院分も含めほぼ赤い本どおりの基準で慰謝料が認められた。右手首の治療と事故との因果関係に関する立証がうまくいった結果といえよう。

1-2　通院期間

> ⑦症状固定まで13か月の通院期間のうち整形外科への通院21日、接骨院への通院219日であるが、ギプス固定の2か月を含めて、通院期間を13か月認めて慰謝料を算出した事例

事故概要

- 事故日：平成23年7月11日（当時63歳）
- 事故態様：自動車 対 自転車
- 職業等：家政婦
- 年収：直近3か月は月平均151,466円
- 症状固定日：平成24年7月31日
- 被害態様：
  - 傷病名：右橈骨尺骨遠位端骨折、右頬右手打撲傷、胸壁損傷
  - 通院状況：通院日数　（病院）実21日　（接骨院）実219日

和解内容

■ 人身

	原告主張	被告主張	裁判所
治療関係費	1,550,380円		1,550,380円
通院交通費・宿泊費等	10,570円		10,570円
装具・器具等購入費	27,300円		27,300円
損害賠償請求関係費用	208,678円		208,678円
休業損害	908,580円		545,277円 ※1
傷害慰謝料	1,580,000円		1,450,000円 ※2
総損害額	4,562,728円		3,792,205円
過失相殺	0％		35％ ※3
損益相殺 うち自賠	▲1,736,058円		▲1,736,058円
弁護士費用	282,667円		
調整金			71,125円
請求額（認容額）	3,109,337円		
備考	※1 事故前3か月平均151,466円。原告は6か月間の休業とするが、その約60％とする（最初の2か月は全休、その後4か月は半休）。 ※2 13か月通院（病院実21日、接骨院実219日。ギプス固定2か月は通院期間をみて、その後の通院は実日数を総合的に考慮）。 ※3 判タ【244】、63歳－10％、左からの進入＋5％　⇒35％		

コメント　休業損害について、原告は約6か月間休業したと主張したが、裁判所は休業割合をその60％と認めた。通院慰謝料について、通院期間約13か月のうち実通院日数は21日であるが、約2か月間の骨折のためのギプス固定期間と認め、その後は通院実日数を考慮し、原告の主張より若干減額した金額を認めた。過失については、判タ【244】を基本とした高齢者修正により、原告に有利な10％修正とし、原告の左方進入については原告に不利な5％に修正し、原告の過失割合を35％と認めた。原告の実通院日数は通院期間に比較して少ないが、裁判所はギプス固定期間すべてを通院日数として算定しており妥当である。

1-2 通院期間

⑧頸椎・両膝捻挫で、症状固定まで約1年1か月を要したが、通院期間として相当因果関係を認める範囲を6か月とした事例

事故概要

- 事故日：平成24年8月8日
- 事故態様：自動車 対 自動車
- 職業等：タクシー運転手
- 年収：約390万円
- 症状固定日：平成25年9月18日（53歳）
- 被害態様：
  - 傷病名：頸椎、両膝捻挫
  - 後遺障害等級：14級9号

和解内容

■ 人身

	原告主張	被告主張	裁判所
治療関係費	12,710 円		12,710 円
通院交通費・宿泊費等	273,660 円		273,660 円 ※1
損害賠償請求関係費用	8,000 円		8,000 円
休業損害	528,840 円		273,660 円 ※2
傷害慰謝料	1,200,000 円		890,000 円 ※3
後遺障害逸失利益	1,920,283 円		839,884 円 ※4
後遺障害慰謝料	1,100,000 円		1,100,000 円
総損害額	**5,043,493 円**		**4,154,545 円**
損益相殺		▲2,957,931 円	▲2,957,931 円
うち自賠	▲750,000 円	▲750,000 円	
弁護士費用	300,000 円		
			1,346,614 円
請求額（認容額）	**3,322,547 円**		**1,500,000 円**
備考	※1 被告は因果関係を争っており、審理途中であるが、本和解では計上する。 ※2 日額11,322円×21日の限度で認める。 ※3 通院期間について争いがあるが、6か月で計算。 ※4 原告は労働能力喪失期間を67歳までの14年と主張するが、裁判所は5年で計算。		

コメント 被告は通院交通費について因果関係を争っていたが、裁判所案は和解限りで因果関係を認めた。また、原告は逸失利益の労働能力喪失期間について67歳までの14年間を主張したが、裁判所は5年間を認めた。原告は14級9号における交通事故実務上一般的な労働能力喪失期間である5年よりも長い14年の主張をしたが、裁判所は特に理由も付することなく5年の労働能力喪失期間を認めており、「14級9号＝労働能力喪失期間5年」という図式が固まっていることがうかがえる。

1-2　通院期間

⑨右示指挫傷、胸部腰部打撲、右下肢擦過傷につき約2年5か月通院したが、治療内容や改善状況に照らし、原告の主張を認めた事例

事故概要

- 事故日：平成22年5月25日
- 事故態様：自動車 対 自動二輪車
- 職業等：会社員（X1）
- 年収：7,410,474円（X1）
- 症状固定日：X1：平成24年11月9日（46歳）
  　　　　　　X2：平成24年10月18日（13歳）
- 被害態様：
  - 傷病名：X1：右示指挫傷、胸部腰部打撲、右下肢擦過傷
  　　　　　X2：顔面、右ひじ、右膝外傷後瘢痕
  - 通院状況：通院日数　実96日（X1）
  - 後遺障害等級：14級9号（X1）
  - 既往症：なし

和解内容

■ 人身

	X1 主張	被告主張	裁判所
未払い治療費	未払い 44,180円	×	○
既払い治療費	▲1,702,570円	▲1,702,570円	○ ※1
薬代	25,187円	×	○ ※2
通院交通費・宿泊費等	58,950円	×	4,350円 ※3
休業損害	102,284円	○	○
傷害慰謝料	1,690,000円	×	1,540,000円 ※4
海外旅行キャンセル代	24,945円	×	× ※5
食事代	95,259円	×	× ※6
後遺障害逸失利益	1,570,649円	○	○
後遺障害慰謝料	1,100,000円	○	○
ベランダ清掃費	19,400円	×	× ※7
靴代	7,980円	×	× ※8
総損害額			
過失相殺			10%
損益相殺	▲1,702,570円		
うち自賠	▲750,000円		
弁護士費用	398,883円		
調整金			272,272円
請求額（認容額）	4,387,717円		3,300,000円

備考	※1、2 頸部については症状の発症時期に照らすと直ちには認めがたいがクリニックの記録によれば、腰の関係では平成24年4月時点において改善がみられること、右示指爪に関しては、後半は通院の間隔があき、経過観察の面があるとはいえ、平成24年10月16日でなお改善がみられること、実費である点を考慮して和解においては認める。 ※3 皮膚科の通院は相当因果関係が認められない。その余の費用については和解に限り認める。 ※4 ※1、2で述べた点に鑑み、傷害慰謝料は表記のとおり。 ※5 旅行の時期は事故から半年以上後（平成22年12月29日・インド）であり、因果関係は認められない。 ※6 食費は事故がなくとも一定程度支出するものであり、また、領収書によれば、その内容や金額につき必要性、相当性が明らかでないものも含まれているので認められない。 ※7 因果関係が認められない。 ※8 医師の指示があったか不明であり、認められない。

■ 物損

	X2主張	被告主張	裁判所
未払い治療費	15,920円	×	○ ※9
看護付添費	85,800円	×	15,920円
傷害慰謝料	1,675,333円	×	400,000円
総損害額			
過失相殺			10%
自賠既払い	▲250,985円		○
弁護士費用	152,606円		×
調整金			9,825円
請求額（認容額）	1,678,674円		120,000円
備考	※9 被告車が合図を行ったかどうかについては現在の証拠上明らかではないが、合図があったとしても証拠（実況見分調書）によれば、適切な合図とはいい難いため、和解においては10：90。		

コメント 治療期間に空きがある経過観察となった以降も、改善がみられること及び実際に支出された金額であることを理由に、一部の治療費を認めている。また、事故から半年後に予定された旅行のキャンセル代を因果関係が不明として、認めていない。事故直後の予定であった場合には、認められるケースもあろうが、本件のように半年もの間隔があるケースでは、因果関係が認められるのは難しいと思われ、結論は妥当ではないだろうか。

1-2 通院期間

⑩頸・腰・膝の捻挫で完治までに約7か月を要したが、6か月を相当な通院期間とした事例

事故概要

- 事故日：平成25年1月30日
- 職業等：●●寺に雇用
- 症状固定日：平成25年8月26日
- 被害態様：
  - 傷病名：頸・腰・膝の捻挫
  - 通院状況：通院日数 208日（実107日）
- その他：反訴被告公示送達：係属中に不明に。会社も退職。保険会社も所在知らない。
  平成26年7月2日反訴被告代理人辞任。

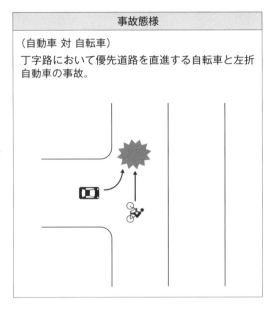

事故態様

（自動車 対 自転車）
丁字路において優先道路を直進する自転車と左折自動車の事故。

和解内容

■ 人身

	原告主張	被告主張	裁判所
治療関係費	699,142円	654,690円	○ ※1
通院交通費・宿泊費等	3,440円		1,520円
休業損害	475,800円	35,154円	99,125円 ※2
傷害慰謝料	964,667円	567,000円	890,000円
総損害額	2,143,049円	1,256,844円	1,645,335円
過失相殺	0%	15%	0%
損益相殺 うち自賠	▲630,790円	○	○
弁護士費用	151,226円		×
請求額（認容額）	1,659,701円	437,528円	1,050,000円
備考	反訴被告のうち会社のみ和解。 ※1 症状固定3月初めとも考えられるが、和解限り6月末。 ※2 1月31日～2月6日の7日＋通院11日（6月末まで）の半分5.5日　7,930円×12.5日		

コメント 通院期間について、原告が7か月程度の主張をしたのに対し被告が3か月の主張をして争ったケースである。治療費については被告付保険会社が6か月程度対応していたことからすれば、裁判所が和解において6か月を前提とする慰謝料を提案したことはバランス的にも妥当であるように思われる。

1-2 通院期間

⑪治療が途中1か月中断されているが、実費の支払をしていることに照らし、治療費に関し、原告主張の通院期間を認めた事例

事故概要

- 事故日：平成22年11月3日
- 事故態様：自動車 対 自動車
  東名高速での3名同乗の追突。
- 職業等：X1 経営者
  X3 電気機器店
- 年収：X2：240万円（平成21年）
- 症状固定日：X1：平成24年3月7日　X2：平成24年3月6日　X3：平成24年3月14日
  （X1：56歳　X2：55歳　X3：30歳）
- 被害態様：
  - 後遺障害等級：いずれも非該当
  - 既往症：なし
- その他：X2の治療中断の理由は平成23年3月11日の東日本大震災で大阪に避難したからでないかと思われる。

和解内容

■ 人身

	原告主張（X1/X2/X3）	被告主張	裁判所
治療関係費	17,090円/37,070円/10,130円		○
通院交通費・宿泊費等	3,830円/18,200円/5,020円		○
損害賠償請求関係費用	22,050円/18,850円/5,250円		○
休業損害	0円/3,221,750円/0円		0円/671,154円/0円
傷害慰謝料	670,000円/1,230,000円/670,000円		90,000円/600,000円/250,000円
総損害額			
弁護士費用	100,000円/450,000円/100,000円		
請求額（認容額）			150,000円/1,450,000円/300,000円
備考	X1について ・治療費、文書料、交通費 　初診が事故から5日後であること、初診時に他覚的所見が認められず全治5日間と診断されていること、その後の通院が1日以上空いていること等からすると、平成23年2月14日以降の通院は相当因果関係のある通院とは認めがたいが、医師の診療を受けたことに係る実費であることを考慮し、和解に限り原告主張額を認める。 ・傷害慰謝料 　上で指摘した事情からすると、X1の症状は11月12日頃には固定していたものと認められるが、X1がその後も首の痛みを訴えていること、他方、X1の主張する4か月の通院日数が4日間のみであること等を考慮し9万円とする。		

備　考	X2について ・治療費、文書料、交通費 　平成23年3月29日から受診が4か月途絶えていること、他覚的所見がないことからすると、同日より後の通院は相当因果関係は認められないが、医師の診断を受けたことに係る実費なので、和解に限り請求額を認める。 ・休業損害 　基礎収入は、証拠より事故前3か月の平均収入から勤務1日当たり10,169円とする。和解に限り、被告が認める平成23年1月末までの休業日53日に同年2月及び3月の通院日13日を加えた66日の休業を認める。 　10,169円×66日＝671,154円 ・傷害慰謝料 　平成23年3月29日までの通院期間、通院日数、傷害の程度から60万円とする。 X3について ・治療費、文書料、交通費 　平成22年12月15日以降、2か月受診が中断していること、他覚的所見がないことからすると同日以降は相当因果関係は認められない。ただし、実費なので、和解に限り請求額を認める。 ・傷害慰謝料 　平成23年12月15日までの期間、日数、傷害内容から250,000円とする。

コメント　3名同乗の追突事案であり、いずれも、治療の長期の中断がある。裁判所は、中断後の治療につき相当因果関係を認めなかったが、その一方で、実際に支出済みの治療費に関しては認めた。治療期間はすべては認めず治療費のみ認めるということは、すべての治療期間が慰謝料算定の期間になるわけではないということであり（休業損害についても同様の考えがされると考えられる）、柔軟な判断が可能な和解に特徴的な考え方である。

1-2 通院期間

⑫再入院の必要性を否定し、その範囲で治療期間を認めた事例

事故概要

- 事故日：平成12年11月22日
- 年収：日額 10,573円
- 症状固定日：平成13年6月16日（33歳）
- 被害態様：
  - 傷病名：頭部打撲、頭部挫傷、頸椎捻挫、腰椎捻挫、右肩挫傷
  - 通院状況：入院日数 110日
    通院日数 実14日
  - 後遺障害等級：14級11号
    男子の外貌に醜状

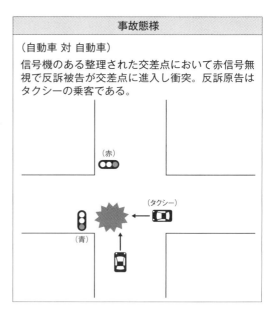

事故態様

（自動車 対 自動車）
信号機のある整理された交差点において赤信号無視で反訴被告が交差点に進入し衝突。反訴原告はタクシーの乗客である。

和解内容

■ 人身

	反訴原告主張	反訴被告主張	裁判所
治療関係費（日本）	1,037,803円		1,037,803円
治療費（中国）	752,341円		30,434円 ※1
薬	36,825円		36,825円
入院雑費	165,000円	25,500円	25,500円 ※2
通院交通費（日本）	4,316円		4,316円
通院交通費（中国）	35,312円		35,312円 ※3
休業損害	1,585,950円		1,207,397円 ※4
傷害慰謝料	2,098,667円		1,000,000円 ※5
渡航費用	514,618円		514,618円 ※3
後遺障害逸失利益	2,263,732円		461,582円 ※6
後遺障害慰謝料	3,100,000円		1,100,000円
総損害額	11,594,564円		5,453,787円
損益相殺 うち自賠		1,037,803円	1,037,803円
調整金			3,084,016円 ※7
請求額（認容額）			7,500,000円
備考	※前提 人民元は為替レートで日本円に換算。1人民元は16.88円。		

備 考	※1 本件全証拠によっても、再入院の必要性は認められない。よって再入院治療費（4万2,767人民元）は認められない。しかし平成12年12月12日時点で医師が今後1か月の外来加療を認めていること、同期間はあくまで見込みであり、治療期間が長引くことはあり得ることを勘案すると通院治療費（1,803人民元）は本件事故と相当因果関係のある損害と認める。 ※2 再入院の必要性が認められないので、国内の入院日数17日についてのみ認める。 ※3 交通費（2,092人民元）は金額的に相当であり、本件事故と相当因果関係のある損害と認める。渡航費用についても（47万6,730円と2,600人民元）本件事故と相当因果関係のある損害であると認める。 ※4 基礎収入は、339万円と認める。休業期間は原告の傷害の内容、通院状況を勘案し、平成13年3月末日と認める（130日）。 ※5 赤い本別表Ⅰを使用。入院17日、通院113日を考慮して算定。 ※6 被告が示談で認めたもの。 ※7 証拠調べが終了した段階で事故から相当期間経過していることを踏まえ相当額の調整金を加算した。

コメント 原告が中国人であることも踏まえ、国外（中国）での治療自体は否定しないものの、再入院の必要性については否定している。国外での治療を認める以上、国外への渡航費用についても通院交通費として、事故と相当因果関係のある損害であるとした。海外治療及びその渡航費用について、非常に参考となる和解案といえよう。なお、傷病の内容からして再入院の必要性を否定した結論は妥当だろう。

1-2 通院期間

⑬頸椎・腰椎捻挫及び打撲において約7か月の治療を経て症状固定したが、和解に限り原告の主張を認めた事例

事故概要

- 事故日：平成25年6月25日
- 職業等：オペレーター
- 年収：3,388,155円
- 症状固定日：平成26年2月1日
- 被害態様：
  - 傷病名：頭部打撲、右肋骨打撲、右膝打撲、右肘擦過傷、右肘打撲、頸椎腰椎捻挫
  - 通院状況：通院日数 222日（実129日）
  - 後遺障害等級：頸椎捻挫14級9号

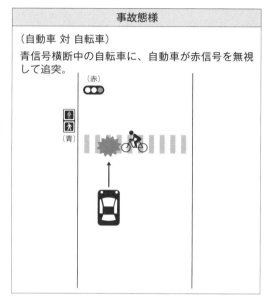

事故態様

（自動車 対 自転車）
青信号横断中の自転車に、自動車が赤信号を無視して追突。

和解内容

■ 人身

	原告主張	被告主張	裁判所
治療関係費＋交通費＋休損	1,613,727円		1,613,727円 ※1
傷害慰謝料	1,272,000円		1,000,000円 ※2
後遺障害逸失利益	2,047,344円		733,451円 ※3
後遺障害慰謝料	1,100,000円		1,100,000円
総損害額	6,033,071円		4,447,178円
損益相殺 うち自賠	▲1,613,727円		▲1,613,727円
弁護士費用	441,934円		
調整金			116,549円
請求額（認容額）	4,861,278円		2,950,000円
備考	※1 症状固定日に争いがあるが、和解においては原告主張額を認める。 ※2 赤い本別表Ⅱ使用。 　　期間222日（実129日）を考慮。 ※3 基礎収入は338万8,155円（事故前3か月の収入を4倍して年収に引き直したもの）。 　　喪失率は5％。 　　期間は5年。		

コメント 頸椎・腰椎捻挫という傷病について症状固定まで約7か月の治療期間を経ており、この期間について不必要に長いとして争われていた。しかし、裁判所は和解に限り、原告の主張を認めている。頸椎、腰椎捻挫について必要な通院期間は、一律に評価できるものではないため、頸椎捻挫の治療期間を一律に6か月と限定するのは、実態に即していない。あくまでも症状固定か否かは主治医の判断によるものだという原則に立ち返れば、正当な判断がなされた和解案であるといえよう。

1-2　通院期間

⑭ 事故によるPTSDの主張に対し、それを否定し、それに対する通院期間を否定した事例

事故概要

- 事故日：平成23年8月9日
- 職業等：家事従事者
- 症状固定日：平成24年4月10日
- 被害態様：
  - 傷病名：外傷性頸部症候群、右肋軟骨損傷、腰部挫傷、PTSD
  - 通院状況：入院日数　2日
    通院日数　実44日
- その他：別に原告がもう1人おり、物損43万円のうち過失相殺で25万8,000円の支払を認めた。

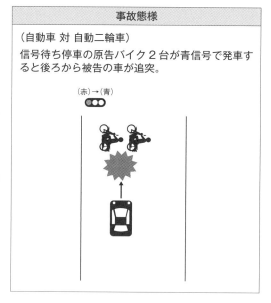

事故態様

（自動車 対 自動二輪車）
信号待ち停車の原告バイク2台が青信号で発車すると後ろから被告の車が追突。

和解内容

■ 人身

	原告主張	被告主張	裁判所
治療関係費	832,439円		832,439円
入院雑費	3,000円		3,000円
通院交通費・宿泊費等	45,530円		25,370円
休業損害	2,390,715円		533,850円 ※1
傷害慰謝料	1,645,000円		600,000円 ※2
文書料	7,200円		0円
総損害額	5,124,839円		2,014,659円
過失相殺		80%	40% ※3
損益相殺　うち自賠	▲857,809円		▲857,809円
弁護士費用	420,000円		
調整金			29,013円
請求額（認容額）	4,687,030円		380,000円（物損含む）

備考	※1 和解に限り、症状固定日までの93日のうち、入院2日、その後30日は100％、次の30日は50％、残り31日は25％を認める。平成23年賃セ355万9,000円。 ※2 傷害の内容、症状固定日について証拠からすると原告が本件事故により被った傷害は外傷性頸部症候群、右肋軟骨損傷、腰部挫傷であり、症状固定日は平成23年11月9日と認めるのが相当である。本件事故によるPTSDは認められない。 ※3 原告の右腕からグリップにかけてこすられたということは、接触時、原告は第二車線の相当左端を走行していたと認識され、この点は被告に有利であるものの、双方とも相手を認識しておらず、接触時の状況等の詳細は不明であるうえ、双方の主張を裏付ける客観的証拠はないことから、和解案としては原告の過失割合を被告主張の半分の40％とする。

■ 物損

	原告主張	被告主張	裁判所
総損害額	200,955円		20,000円
請求額（認容額）			

コメント 事故によってPTSDになったという主張に対し、それを否定し、通院期間についてもPTSD部分は否定した。一般的に交通事故によってPTSDになったという主張は認められにくいものだが、この和解案もそのうちの1つといえる。もっとも、治療費については、特にPTSD部分は否定していないようである。既払いであったがゆえに、認定したものと思われる。

2. 休業損害・逸失利益

- **2-1** 家事従事者
- **2-2** 個人事業主
- **2-3** 役員
- **2-4** 醜状変形
- **2-5** 減収なし
- **2-6** むち打ち以外の14級・12級
- **2-7** 生活費控除
- **2-8** 休業期間
- **2-9** 喪失期間

　このカテゴリーは、損害として占める割合の大きくなる項目であるだけに、多数の論点が存在する項目でもある。個人的に最も気になっていたのは、むち打ち以外の神経症状での14級、12級のケースにおいて労働能力喪失期間が5年や10年に制限されるかという点である。この点については、かつてある裁判官から「制限するのが当部の扱いです。」と言われたことがあり、ずっと気になっていた点でもあった。結論としては、積極立証がされる場合で、かつ等級認定されない程度の可動域制限があるなどの場合には、必ずしも労働能力喪失期間が5年や10年に制限されるわけではないものの、単純に67歳まで認められるというようでもない。要するに、基本的に神経症状については労働能力喪失期間の制限がされ、それ以上認められる場合であっても、喪失率が逓減されるか、67歳までとはいわず15年などに制限されることが多いようである。

　また、実務的に重要な意味があると思えたのが、家事従事者の休業損害の相場勘を養うことである。特に、最も数の多いむち打ちのケースにおいてどの程度の休業損害が認められるのか、著者らも相当数の裁判例を積み重ねているが、より多くの和解例をみることでこの点を培うことができたように思える。あくまでも個人的見解ではあるが、週2回程度の通院を半年ほどしているケースでは、むち打ち非該当であれば20万〜50万円、14級であれば40万〜80万円程度の間に収まることが多いのではないだろうか。

　なお、醜状変形については、やはり逸失利益としては否定しつつ、慰謝料増額事由とされることが多いようである。

2-1 家事従事者

⑮原告主張の半額の家事従事者としての休業損害が認められた事例

事故概要

- 事故日：平成25年4月5日
- 職業等：家事従事者
- 症状固定日：平成25年9月27日
- 被害態様：
  - 通院状況：通院日数　実90日
  - 後遺障害等級：非該当

事故態様

（自動車 対 自動車）

被告は一時停止し、原告は遅くとも時速50キロメートルで走行してきた自動車対自動車の接触。

和解内容

■ 人身

	原告主張	被告主張	裁判所
治療関係費	123,990円	725,960円	725,960円 ※1
通院交通費・宿泊費等			50,400円
休業損害	877,500円		438,750円
傷害慰謝料	900,000円		900,000円
買替諸費用			58,890円
総損害額			
過失相殺			25% ※2
損益相殺 うち自賠	▲123,990円	▲725,960円	▲725,960円
弁護士費用	180,000円		
調整金			25,460円
請求額（認容額）	2,007,900円		930,000円 ※3
備　考	※1 1回目は整骨院601,970円未計上。 ※2 1回目30％。 ※3 1回目は1,010,000円。		

■ 物損

	原告主張	被告主張	裁判所
時価額	365,000 円		365,000 円
買替え費用	5,889 円		×
レッカー代	23,520 円		23,520 円
総損害額	447,410 円		388,520 円
過失相殺			25% ※4
弁護士費用	5,000 円		
調整金			8,610 円 ※5
請求額（認容額）	452,410 円		300,000 円 ※6
備　考	※4 1回目は30％。 ※5 1回目8,270円。 ※6 1回目は282,700円。		

コメント　通院6か月弱で非該当の家事従事者につき、90万円弱の休業損害を主張した原告に対し、裁判所はその半分を認めた。休業損害は、評価的要素の大きいものではあるが、非該当である場合には14級等の等級認定がされている場合に比して低額に抑えられる傾向にある。この和解案における裁判所の判断も、妥当なラインか、少し高めくらいではないかと思われる。なお、和解案提示後に60万円強の整骨院施術費の計上未了が判明したが、過失相殺を調整することで金額としてはさほど大きな差がない金額での和解に至っているのも興味深い。

2-1 家事従事者

⑯名目取締役である原告には勤務実態がないとしつつ、家事従事者として賃セで休業損害を計算した事例

事故概要

- 事故日：平成25年10月16日
- 事故態様：自動車 対 自転車
- 職業等：名目的取締役で実質は家事従事者
- 症状固定日：平成26年2月21日（37歳）
- 被害態様：
  - 傷病名：頸椎捻挫、右関節挫傷、右下腿打撲、左肩擦過傷
  - 通院状況：通院日数　実35日
  - 後遺障害等級：非該当
  - 既往症：なし

和解内容

■ 人身

	原告主張	被告主張	裁判所
治療関係費	319,651円	○	○
休業損害	612,235円	0円	402,383円 ※1
傷害慰謝料	925,000円	919,651円	700,000円 ※2
総損害額			
過失相殺	0%	25%	10% ※3
損益相殺 うち自賠	319,651円	○	○
弁護士費用	162,000円		
調整金			39,821円
請求額（認容額）	1,699,235円	370,089円	1,000,000円
備　考	※1 原告は名目的取締役であり、勤務実態が存在しないことは被告も争っていない。原告には幼児がおり、家事従事者と認められる。原告の傷害の程度、カルテの記載、通院状況から、和解としては、上記のとおりの休業損害を認める。（証拠に「出張中」との記載があるが、その裏付けがなく、また、証拠には「1月は帰省していたが」との記載もあるので、原告の主張どおり帰省と認める。）基礎収入は、平成25年賃セより3,539,300円。 ※2 赤い本別表Ⅱ。 ※3 判タ【245】類似。10：90。 原告の著しい過失により+10。 ドライブレコーダーによれば、被告車は、原告自転車が近接してから発進している（-10）。 他方、原告自転車は、被告車の直近を通過しているが、被告車が横断歩道上に停止していることからすると、原告自転車が被告車の直近を通過したことを修正要素とすることは相当でない。 よって、10：90。		

コメント 名目的取締役である家事従事者の休業損害が争点になった事案である。取締役であった場合には、実際の減額がないことを理由に休業損害が認められにくいが、本件では、実質は家事労働者であると証拠より判断し、家事労働者を前提とした休業損害の提案がされており、参考になる。

2-1　家事従事者

⑰日常的に義母・実母の介護をしていたがそれができなくなったとして、賃セ年齢別で症状固定まで3割の休業損害を認めた事例

事故概要

- 事故日：平成22年12月29日
- 事故態様：自動車 対 自動車
  追突
- 症状固定日：平成25年2月22日
- 被害態様：
  - 傷病名：頸椎、腰椎、上肢痺れ等
  - 通院状況：通院日数　実298日
  - 後遺障害等級：併合14級
- その他：実質争点は治療期間。

和解内容

■ 人身

	原告主張	被告主張	裁判所
治療関係費	999,720円	△	779,530円 ※1
通院交通費・宿泊費等	114,240円	×	△
休業損害	4,931,692円 ※2	538,238円	725,400円 ※3
傷害慰謝料	1,860,000円	900,000円	1,000,000円
後遺障害逸失利益	827,324円	484,593円	770,434円
後遺障害慰謝料	1,100,000円	○	○
総損害額			4,375,364円
損益相殺	▲1,716,080円		○
うち自賠			
弁護士費用	800,000円		
請求額（認容額）			2,900,000円 ※4
備考	※1 合計779,530円（通院交通費41,580円含む）。 ※2 義母・実母の介護　平成22年女子、45-49歳の賃セ3,821,800円　固定まで6割785日間。 ※3 平成23年9月まで30％。 ※4 2,659,284円→2,900,000円。 　　原告から増額意見書出される→310万円。			

コメント 日常的に義母・実母の介護をしていた原告の家事従事者としての休業損害について、事故から約9か月の間、賃セの3割を認めている（なお慰謝料の額は通院7か月半と同程度である）。通院期間が2年以上の長期にわたっていることから、治療費、交通費のほか、休業損害についても争いになったケース。裁判所の和解案としては、ほぼ想定される内容であり、休業損害の額についても、いわゆるむち打ち14級事案の相場観に沿うものである。なお、原告から増額意見が出されたうえで、裁判所和解案より高い金額で和解が成立している点も注目される。

2-1　家事従事者

⑱要介護認定を受けていた亡●●が息子夫婦と3人で生活していた事案において、その実態から、家事従事者としての休業損害を否定した事例

事故概要

- 事故日：平成23年9月23日
- 事故態様：自動車 対 歩行者
- 職業等：家事従事者　息子夫婦と3人暮らし
- 症状固定日：平成24年3月22日（死亡）
- 被害態様：
  - 傷病名：急性硬膜下血腫、左橈骨・尺骨骨折、脳梗塞
  - 通院状況：入院日数　約6か月
  - 後遺障害等級：死亡
  - 既住症：糖尿病、心房細動、高血圧、虚血性心疾患（ワーファリン服用　INR 2.48）
- その他：事故直後意識障害なし→搬送先でCT→急性硬膜下→服用中のワーファリン中止→平成23年12月28日退院→12月30日脳梗塞で倒れる→右側片麻痺→そのまま死亡。

和解内容

■ 人身

	原告主張	被告主張	裁判所
治療関係費	7,199,982円	○	○
入通院付添費	650,000円		36,000円 ※1
入院雑費	265,500円	○	○
通院交通費・宿泊費等	51,012円	○	○
休業損害	1,421,786円		0円 ※2
傷害慰謝料	3,148,600円		2,420,000円 ※3
雑費	9,610円		1,500円 ※4
年金逸失利益	2,655,276円		1,896,626円 ※5
後遺障害逸失利益	7,197,985円		0円 ※2
後遺障害慰謝料	24,000,000円		20,000,000円 ※6
葬儀	1,496,293円		○ ※7
総損害額			
過失相殺	0		
素因減額	0		30% ※8
損益相殺	▲22,934,219円		○
うち自賠	▲15,658,943円		
弁護士費用	2,438,687円		0円
調整金			285,631円 ※9
請求額（認容額）	27,591,512円		3,700,000円

備 考	※1 病院の看護体制や亡●●（原告は●●の相続人）の要介護認定を前提としても病院での急性硬膜下血腫等の保存加療、手術までの12日間について、日額3,000円の付添費を認める。 ※2 亡●●の年齢及び要介護認定を受けていたことからすれば、自分の世話及び家族内の分担を超えた他人のための家事ができていたかについて疑問があるといわざるを得ないところ、それにもかかわらず、休損及び稼働逸失利益を認めるに足りる客観的な証拠はない。 ※3 左記金額が相当である。 ※4 検査記録簿につき、関連性の証拠がない。 ※5 年金であり、要介護認定等に鑑み、遺族年金の受給等を考慮しても、生活費控除率は50％を相当とする。 ※6 原告ら固有の慰謝料を含め左記金額が相当である。 ※7 和解においては全額を認める。 ※8 亡●●の本件事故以前の疾患の内容、程度、本件事故の態様、当初の傷害の程度等を考慮すると、本和解においては、死亡に係る損害について、素因減額として3割が相当。 ※9 時間の経過等。

コメント　事故当時、心房細動の既往を有する亡●●が、血液抗凝固薬であるワーファリンを服用していたところ、本件事故により急性硬膜下血腫を生じ、ワーファリンの投薬を中止したが、事故から3か月ほど経過した時点で、脳梗塞になり、そのまま死亡に至った事案である。裁判所は、事故と死亡の因果関係を認めたうえで、30％の素因減額を認定した。脳外傷それ自体から死亡となったというよりは、投薬を中断したことによる脳梗塞が死亡の直接の原因といい得るところ、事故と死亡との因果関係が認められた点は注目すべきであろう。他方で原告が亡●●の家事従事者としての休業損害、逸失利益を主張したところ、実態として他人のための家事ができていたとまでいえず、損害としての認定はなかった。亡●●が要介護認定を受けていた高齢者であったことなどを踏まえると妥当な結論ではないだろうか。

2-1　家事従事者

⑲ 65歳の母と同居していたとして家事従事者としての休業損害を主張した（実態は兼業）が、家事分担の内容や程度、母の年齢等に照らし、家事従事者とは認められないとした事例

事故概要

- 事故日：平成24年11月6日
- 事故態様：自動車 対 自動車
  追突、修理額不明。
- 職業等：家事従事者（65歳の母親と同居）。母親は歩行困難。兼業している。休業なし。
- 年収：355万9,000円
- 症状固定日：平成27年4月6日（38歳）
- 被害態様：
  - 傷病名：頸椎捻挫　腰椎捻挫
  - 通院状況：通院日数　152日（実43日）
  - 後遺障害等級：非該当
  - 既住症：なし
- その他：会社勤め。1日6時間。週4日。デスクワーク。今回休業なし。

和解内容

■ 人身

	原告主張	被告主張	裁判所
治療関係費	376,198円		○
通院交通費・宿泊費等	234円		○
休業損害	1,482,104円		0円 ※1
傷害慰謝料	706,000円		○
総損害額			
弁護士費用	218,834円		93,766円
請求額（認容額）	2,407,172円		800,000円
備考	※1 原告が主張するところの原告の当時の就業状況、原告及びその母親の年齢や家事分担の内容及び程度、原告の母親の障害、原告の家族構成や生活状況などを前提としても、原告が一定程度家事分担していたことは認められるとしても、他人のために家事労働をしていたとは認めることができない。さらに上記の事情に加えて、本件傷害の程度や、原告の休業日数に照らせば、原告の家事労働に支障が生じたとしても、その程度は大きいとは認められず、傷害慰謝料と独立して休業損害が発生したと認めることはできない。よって、和解案としても家事労働の休業に伴う損害を認めることはできない。		

コメント 兼業家事従事者の休業損害が問題となった事案である。家事従事者としての休業損害が認められるためには、他人のための家事労働性がなくてはならないが、原告は、65歳の母親と同居しているところ、裁判所は、同居の母親の障害の程度や家族構成等を考慮し、これを否定した。また、兼業である点につき、休業がなかったことも指摘し、損害の発生を認めない、とした。兼業のオフィスワークの休業の程度を考慮し、休業損害の発生の有無を判断している点が参考となるが、母親の歩行困難が立証されていたとすれば、原告の家事従事者としての休業損害が認められてよいのではないかと思われる。

2-1 家事従事者

⑳兼業家事従事者の基礎収入算定につき、収入及び稼働時間を考慮し、家事従事者として300万円とした事例

事故概要

- 事故日：平成23年6月22日
- 職業等：兼業家事従事者（兼業2つ[①②]）
- 年収：① 95万5,025円
　　　② 180万円
- 症状固定日：平成24年6月27日（55歳）
- 被害態様：
  - 傷病名：左足関節内内果骨折、肋骨骨折
  - 通院状況：入院日数　121日
　　　　　　通院日数　256日（実156日）
  - 後遺障害等級：14級9号　左下肢痛

事故態様

（自動車 対 自転車）
横断歩道上を自転車で横断中、十字路対向右折車が衝突。歩行者用も車両用も青信号。

和解内容

■ 人身

	原告主張	被告主張	裁判所
治療関係費	1,200,876円		※1
自宅付添費	78,720円		
入院雑費	181,500円		
休業損害	① 828,500円 ② 1,575,372円		①、②で 1,836,164円 ※2
傷害慰謝料	2,458,000円		○
後遺障害逸失利益	757,446円		649,425円 ※3
後遺障害慰謝料	1,100,000円		○
総損害額			
過失相殺	0%		0%
弁護士費用	498,772円		
調整金			301,121円
請求額（認容額）			3,740,000円
備考	※1 内科に関する治療費に関しては因果関係が認められず、算入せず。精神科通院分については、和解に限り認める。症状固定後の治療費については、認められない。 ※2 兼業家事従事者ではあるが、就業時間からして、家事従事分については限定的にせざるを得ず、兼業分の収入が計275万円であると一応認められることを考慮し、300万円を基礎収入とし、入院中の121日は100%、通院期間256日は平均して40%の休業損害を認める。 ※3 基礎収入300万円×5%×5年のライプニッツ係数。		

■ 物損

	原告主張	被告主張	裁判所
時価額	10,000 円		5,000 円 ※4
総損害額			
請求額（認容額）			5,000 円
備　考	※4 時価相当額を損害額とする。		

コメント　2つの仕事をする兼業家事従事者（合計年収約275万円）の基礎収入算定につき、労働時間が長く家事労働に割ける時間が長くないことを考慮して、いわゆる家事従事者としての休業損害の基礎収入である約355万円よりも低い300万円を認めた。注目すべきは、あくまで、家事労働者としての認定をしているということであり、原告主張は、実収入の休業損害を請求したが、和解案では、あくまで家事労働への影響を考慮し算定がされている点が興味深い。

2-1 家事従事者

㉑ 315日間の通院期間のうち90日分についての家事従事者としての休業損害を認めた事例

事故概要

- 事故日：平成25年2月13日
- 職業等：X1兼業家事従事者　X2浪人生
- 症状固定日：X1　平成25年12月27日（51歳）
  　　　　　X2　平成25年8月30日（18歳）
- 被害態様：
  - 傷病名：X1　外傷性頸部症候群、左肩関節拘縮
  　　　　X2　外傷性頸部症候群
  - 通院状況：通院日数　X1　期間315（実103日）
  　　　　　　　　　　X2　期間198日

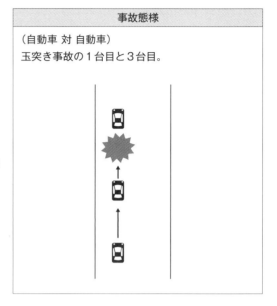

事故態様

（自動車 対 自動車）
玉突き事故の1台目と3台目。

和解内容

■ 人身

	原告主張	被告主張	裁判所
治療関係費	306,910円 /132,000円		132,000円 ※1 /25,000円
通院交通費・宿泊費等	5,000円		○
休業損害	1,000,954円 ※4 /119,777円 ※5		874,620円 ※2 /70,000円 ※3
傷害慰謝料	1,475,005円 /1,208,006円		
総損害額			
弁護士費用	279,787円 /145,978円		
請求額（認容額）	3,007,656円 /1,605,761円		2,000,000円 /1,000,000円
備考	※1 鍼治療については必要性がない。 ※2 X1の休業損害　90日分。 ※3 X2の休業損害　和解限りで70,000円。 ※4 X1　平成24年女子賃セ家事従事者×103日。 ※5 X2　欠席した塾代相当額1週間分。		

コメント 315日間の通院期間のうち90日分についての家事従事者としての休業損害を認めた。鍼治療については必要性がないとして、治療費の請求額の大部分を否定した。鍼治療については原則どおり、医師による指示等がない以上損害として否定しているが、通院期間に比して休業期間を長く認めており、解決に向けた柔軟な考え方を示している。後遺障害のない家事従事者の休業損害としては高めに認められたケースといえるだろう。

2-2　個人事業主

㉒休業損害については固定費を含めた金額を基礎とし、逸失利益については固定費を含まない金額を基礎収入とした事例

事故概要

- 事故日：平成22年4月20日
- 職業等：接骨院経営
- 年収：349万5,966円（固定経費は＋108万5,658円）
- 症状固定日：平成25年4月8日
- 被害態様：
  - 傷病名：首腰
  - 通院状況：通院日数　実598日
  - 後遺障害等級：14級9号首

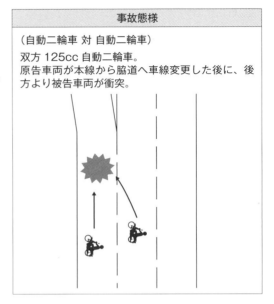

事故態様

（自動二輪車 対 自動二輪車）

双方125cc自動二輪車。
原告車両が本線から脇道へ車線変更した後に、後方より被告車両が衝突。

和解内容

■ 人身

	原告主張	被告主張	裁判所
治療関係費	1,464,863円		948,243円 ※1
自宅付添費	39,078円		10,200円 ※2
休業損害	2,251,900円		771,972円 ※3
傷害慰謝料	1,430,000円		1,190,000円
後遺障害逸失利益	991,807円		756,789円 ※4
後遺障害慰謝料	1,100,000円		○
総損害額			
過失相殺	0%		70% ※5
損益相殺（自賠）			▲1,079,487円
てん補人身傷害金	人傷金▲870,513円		0 ※6
弁護士費用	532,764円		0円
調整金			45,326円
請求額（認容額）	5,860,412円		400,000円 ※7

| 備 考 | ※1
（1）固定時期
証拠により認められる障害、後遺障害の内容、治療経過、症状の推移からすると、固定時期は遅くとも本件事故から1年を経過した平成23年4月末とする。
（2）治療費
　ア　人身傷害保険から
　　　870,513円
　イ　自賠責保険から
　　　9,570円＋50,350円＋17,810円
合計 948,243円
※2　平成23年4月末までの日数により算定。
※3　原告は、事故後の申告、損害保険料、家賃等の経費が増加しており、所得の減少のすべてが本件事故によるものとは認められない。休業について、必要性、相当性の立証は十分とはいえないが、原告の職業も勘案のうえ、平成23年4月末までの205日（実日数）の30％を認める。
4,581,624円（固定経費込み）÷365×205日×0.3
※4　逸失利益の基礎収入に固定費を算入する必要はないので、青色申告特別控除前の 3,495,966円×0.05×4.3295
※5　原告は衝突時停車していたとして追突の主張をしたが、幹線道路であり、停止が不自然であること、進路変更のタイミング等より、先行車両の車線変更として、基本過失割合どおり、70：30。
※6　原告の過失相当金額は損益相殺しない。
※7　不確定部分もあるので、40万円とする。|

コメント　接骨院経営の原告の休業損害算定について、損害保険料や家賃等の固定費を含めた金額を基礎とし、逸失利益については、これを除いた金額を基礎収入とした。一般的な自営業者の休業損害及び逸失利益の算定方法に従った判断といえる。なお、被告から消滅時効の援用がされたが、症状固定まで1年以上かかることはあり得るから成立しないとの和解上の判断がされている（平成26年4月26日提訴）。判決に至れば時効完成が認められる可能性もあったように思われる事案である。

2-2　個人事業主

㉓自作の収支表で収入を示した原告に対し、確定申告に基づき年収、減価償却地代、租税、損害保険料を足した金額を基礎収入とした事例

事故概要

- 事故日：平成25年11月18日
- 職業等：X1　個人事業主　看板業
　　　　　X2　個人事業主　看板業
- 年収：不確定。X2はX1から給料をもらっていることになっている。
- 被害態様：
  - 傷病名：両名とも頸椎捻挫
  - 通院状況：通院日数　平成25年11月18日〜平成26年5月17日（X1　181日（実103日）、X2　181日（実99日））

和解内容

■人身

	原告主張	被告主張	裁判所
休業損害	2,668,936円 ※1 /1,485,000円 ※2		387,694円 ※3 /320,000円 ※4
傷害慰謝料	890,000円 /890,000円		◯
総損害額	3,558,936円 /2,375,000円		
弁護士費用	10%/10%		
調整金			57,306円 /55,000円
請求額（認容額）	3,914,829円 /2,612,500円		1,329,000円 /1,265,000円
備考	※1 X1　休業損害　平成25年の事業収入12,854,140円（自作の収支表のようなもの）－経費÷365日＝25,912円×通院日。※2 X2　休業損害　1日15,000円（X1から給与明細）×通院日。※3 X1に対する休業損害　年収＋減価償却地代＋租税＋損害保険料（平成24年申告書）×和解限り152日。※4 X2に対する休業損害　事故前収入は従前税務申告していなかったこと等から1日8,000円×和解限り40日。		

コメント　自作の収支表で収入を示した原告に対し、裁判所は確定申告に基づき年収、減価償却地代、租税、損害保険料を足した金額を基礎収入とした。ただし、通院期間半年に対して休業期間を和解限りで152日認めた。裁判所の心証では自作の収支表があっても公的資料がある以上そちらの信用性を高く評価せざるを得なかったと思われるが、休業期間を長く認めており、解決に向けた柔軟な考え方を示している。

2-2　個人事業主

㉔能率給の受領の立証ができず、業務委託についての確定申告もしていない事案において、男子全学全年平均の約1割増しの金額を基礎収入とした事例

事故概要

- 事故日：平成24年4月2日
- 事故態様：自動車 対 自動車
  追突
- 年収：2,705万7,366円（原告主張）
- 症状固定日：平成25年1月22日頃（33歳）
  （後遺障害診断書に記載なし）
- 被害態様：
  - 傷病名：頸椎捻挫、腰椎捻挫
  - 後遺障害等級：14級9号

和解内容

■ 人身

	原告主張	被告主張	裁判所
治療関係費	1,893,420円		○
通院交通費・宿泊費等	4,929円		○
傷害慰謝料	1,796,000円		1,120,000円 ※1
後遺障害逸失利益	21,906,856円		1,298,850円 ※2
後遺障害慰謝料	1,100,000円		○
総損害額	26,701,205円		5,417,199円
損益相殺 うち自賠	▲1,883,420円	○	○
弁護士費用	2,481,779円		
調整金			366,221円
請求額（認容額）			3,900,000円
備　考	※1 赤い本別表Ⅱ 9.5か月（139日）。 ※2 月25万円であるが能率給を受領していたことの立証不十分。 　　A社からの業務委託はあるも確定申告なし、経費立証不十分。 　→和解においては平成24年男全学全年約1割増し640万円として5％、5年。		

コメント　基礎収入につきかなり高額な主張がされるも、立証には至っていない。しかし、種々の主張と証拠提出により、ある程度高額な収入があったという心証を持たせることに成功し、賃センよりも高い金額を基礎収入として逸失利益の算定がされている点が興味深い。

2-2 個人事業主

㉕実弟の下で内装業を営んでおり、収入立証ができない事案において1日当たり5,700円を認めた事例

事故概要

- 事故日：平成23年6月21日
- 事故態様：自動車 対 自転車
  　　　　　追突
- 職業等：実弟の下で内装業
- 症状固定日：平成24年11月24日
- 被害態様：
  - 傷病名：外傷性くも膜下出血、頭蓋骨折、頭髄症
  - 通院状況：入院日数　24日
  　　　　　　通院日数　実304日
  - 後遺障害等級：9級10号→頭髄症として。

和解内容

■ 人身

	原告主張	被告主張	裁判所
治療関係費	2,336,145円	2,318,485円	2,318,485円
入院雑費	36,000円		36,000円
通院交通費・宿泊費等	48,480円		48,480円
休業損害	4,681,265円		2,143,200円 ※1
傷害慰謝料	1,950,000円		1,950,000円
後遺障害逸失利益	18,416,467円		8,209,518円 ※2
後遺障害慰謝料	6,900,000円		6,900,000円
総損害額	34,368,357円		21,605,683円
損益相殺 うち自賠	▲4,152,785円		
弁護士費用	3,021,557円		
調整金			1,347,102円
請求額（認容額）			18,800,000円
備　考	※1 5,700円×376日（訴訟前に被告が認めていた額） ※2 収入の立証はかなり困難。		

コメント　実弟の下で内装業をやっていた原告の収入について立証がかなり困難であり、原告は、実弟の収入資料をベースに、最低でもその半分程度の売上げがあったと主張した。裁判所は休業損害についても逸失利益についても基礎収入を自賠責基準の日額5,700円をベースとした。なお、逸失利益については、実弟の所得の半分とすると日額5,700円を下回るケースであった。収入立証が困難であるものの、生活を営んでいる以上全くゼロとするのは現実的でないこともあり、和解としてはこのケースのように自賠責保険基準などの一定程度の収入を前提とされることも多いのではないだろうか。

2-2 個人事業主

㉖ 赤字続きだが、生活をしていたことから、経費控除前の金額を参考に基礎収入を決定した事例

事故概要

- 事故日：平成23年7月4日
- 職業等：システムエンジニア　自営
- 症状固定日：平成24年5月31日（39歳）
- 被害態様：
  - 傷病名：むち打ち　首・腰
  - 後遺障害等級：14級9号（首）
- その他：前事故あり、525万円で和解。14級。

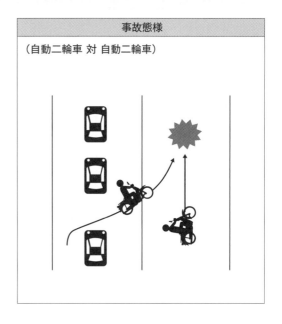

事故態様

（自動二輪車 対 自動二輪車）

和解内容

■ 人身

	原告主張	被告主張	裁判所
治療関係費	1,227,412円	△	○
入院雑費	177,090円		42,000円 ※1
通院交通費・宿泊費等	232,460円	△	○
休業損害	3,625,644円	×	1,760,000円 ※2
傷害慰謝料	1,330,000円		1,300,000円 ※3
自賠　印証	300円		
後遺障害逸失利益	4,003,689円	×	519,528円
後遺障害慰謝料	1,100,000円		○
総損害額	11,696,595円		6,181,700円
過失相殺	0%	30%	10% ※4
損益相殺 うち自賠	▲4,231,716円	○	
弁護士費用	805,298円		
請求額（認容額）	8,858,286円		1,500,000円
備考	※1 1500円×28日 ※2 赤字続きだが生活を営んでいたことから経費控除前参考に月20万。 　　平成18年　給与所得451万円　事務所得25万円　経費200万円 　　平成19年　赤字申告 　　平成20年　赤字申告（売上げ750万円） 　　平成21年　4月までで売上げ350万円、事故 　　平成22年　赤字申告			

備　考	平成 23 年　不明 平成 24 年　赤字申告 平成 25 年　赤字申告 ※3 腰に既往あり。考慮を要するも全損害を考慮して。 ※4 物損1：9（ただし片側賠償）で解決済み。

■ 物損

	原告主張	被告主張	裁判所
修理費用	377,051 円		
着衣	211,058 円		
総損害額			
請求額（認容額）			
備　考	（物損全般） 1：9（ただし片側賠償）で解決済み。		

コメント　赤字申告を繰り返していた自営業者である原告の休業損害を 176 万円認めており、けがの程度や証拠の不十分さからみるとかなり高額が認められているといえる。もっとも、既払金が 400 万円以上計上されていることから、この金額自体は訴訟前に被告付保険会社から支払われていたものと思われる。判決においては認められそうもない金額であっても、既払いになっている以上は保険会社側としても認めやすいという点が考慮されているものと思われ、被害者側にとっても和解しやすい内容だったのではないだろうか。

2-2　個人事業主

㉗建築請負につき収入資料がないものの、生計を立てる収入はあったことが認められるため、男子学歴の賃セで基礎収入を認定した事例

事故概要

- 事故日：平成 25 年 11 月 27 日
- 職業等：建設業の請負
- 年収：出来高
- 症状固定日：平成 26 年 3 月 31 日
- 被害態様：
  - 傷病名：左膝関節挫傷、筋筋膜性腰痛症、左下肢挫傷、腰椎捻挫
  - 通院状況：通院日数　実 69 日
- その他：完治

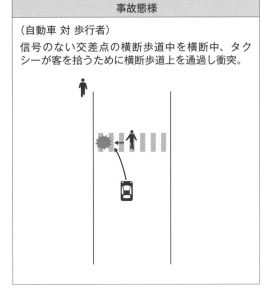

事故態様

（自動車 対 歩行者）
信号のない交差点の横断歩道中を横断中、タクシーが客を拾うために横断歩道上を通過し衝突。

和解内容

■ 人身

	原告主張	被告主張	裁判所
治療関係費	381,923 円		381,923 円
通院交通費・宿泊費等	102,301 円		28,980 円 ※ 1
休業損害	2,297,838 円		387,430 円 ※ 2
傷害慰謝料	686,000 円		530,000 円 ※ 3
事故証明書	620 円		620 円
総損害額	**3,468,691 円**		**1,328,953 円**
損益相殺うち自賠	▲ 389,103 円		▲ 355,503 円
弁護士費用	307,959 円		
調整金			26,550 円
請求額（認容額）	**3,387,547 円**		**1,000,000 円**
備　考	※ 1 バス代のみ認める（タクシーは認めず）。 ※ 2 409 万 8,900 円÷ 365 × 69 日× 0.5 　　生計を立てる収入があったことは認められ、平成 25 年賃セ男子学歴計（60-64 歳）が 409 万 8900 円であったことに照らし、本和解では通院日数 69 日につき 5 割で算定した。 　　（原告は平成 25 年 1 月～平成 25 年 8 月の収入より、22,204 円 / 月を基礎収入と主張した） ※ 3 赤い本別表Ⅱ 3 か月参照。		

コメント 基礎収入を示す収入資料が一切ない事例において、生計を立てる収入があったことを認め、賃センを使用した事案。手渡し等で一切収入資料がないという場合等において、賃金センサスの利用が認められる可能性があるという点で非常に参考になる和解案といえる。本件も出来高制であり、収入資料は全くない状況であった。

2-2 個人事業主

㉘現実の減収があるが、全額について事故と因果関係があるとは認め難いことから70％を休業損害として認めた事例

事故概要

- 事故日：平成24年7月23日
- 事故態様：自動車 対 自動車
- 職業等：美容師（メイクアップアーティスト）
- 年収：平成23年売上げ 1,044万7,296円
  　　　平成24年売上げ 828万6,048円
- 症状固定日：平成25年5月10日
- 被害態様：
  - 傷病名：頸椎捻挫、右腓腹部挫傷、背部挫傷、右下腿部挫傷
  - 通院状況：通院日数　実116日（病院47日、整骨院69日）
  - 後遺障害等級：非該当
  - 既往症：なし
- その他：原告は業界内で有名なフリーのメイクアップアーティスト。

和解内容

- 人身

	原告主張	被告主張	裁判所
休業損害	1,868,155円		1,100,000円 ※1
傷害慰謝料	1,200,000円		1,100,000円 ※2
総損害額			
弁護士費用	600,000円		
調整金			300,000円
請求額（認容額）	3,668,155円		2,400,000円

備考	※1 原告は、本件事故前の年間売上額881万5,960円（平成23年7月24日～平成24年7月23日まで）と本件事故後の売上額694万7,805円（平成24年7月24日～平成25年7月23日）の差額186万8,155円を休業損害と主張する。原告は、タレントやモデル等のメイクアップやヘアースタイリング・セット等を行う美容師であり、顧客から指名を受けて現場に赴き、仕事をして報酬を得ている。本件事故前の売上額は、平成23年1～6月が4,609,066円、平成23年7～12月が5,627,808円、平成24年1～6月が2,434,821円である。この事実によれば、原告の売上額は本件事故と無関係に減少することがあると認められるから、（平成23年1～6月の売上額が平成24年の同時期は約3割減少している）本件事故後の売上減少額がすべて本件事故によるものとは認め難い。また、原告の休損を算定するに当たっては経費を考慮する必要があり、症状固定日は平成25年5月10日であるから、その後の減少分は本件事故との相当因果関係を認め難い。よって、このような事情を考慮せずに休損を請求する原告の主張は採用できない。 もっとも、原告の傷害の内容や、通院状況からすると、本件事故後の売上減少額（平成24年7～12月は前年同時期と比べて約42万円減少、平成25年1～5月は前年同時期と比べて約114万円減少、よって、減少合計額は約156万円）には、本件事故が影響していると認められる。しかし、前記のとおり、本件事故後の売上減少額がすべて本件事故によるものとは認め難いこと、経費を考慮する必要があることを考慮すると、同減少額をそのまま休損と認めることはできず、本和解では、その約7割の110万円を休損として認める。 ※2 症状固定日について、原告はクリニックAの最終通院日である平成25年5月10日と主張し（約10か月）、被告はクリニックBの最終通院日である平成25年2月28日と主張する（約7か月）。本件事故は、首都高速の左側車線を走行していた被告車（普通貨物自動車）が右側車線を走行していた原告車（普通自動車）に接触したという事故であり、事故証明書上は物件事故とされているものの、前記事故態様や原告車の損傷状況からすると、原告の身体に加わった衝撃は小さくなかったと認められる。そして、原告は、本件事故の翌日である平成24年7月24日から平成25年5月10日まで、通院治療を続けていたところ、その間に担当医師が症状固定と診断した事実は認められないから、症状固定日は原告の主張どおりとする。被告提出の意見書は、クリニックBでの治療が中止された平成25年2月末頃には症状固定の要件をおおむね満たす状態に達していた可能性が高いと述べるが、平成25年2月分のクリニックBのレセプトの転帰欄は「継続」と記載されていることに照らし、採用できない。通院慰謝料は赤い本別表Ⅱを採用し、通院期間約10か月、実通院日数116日（病院47、整骨院69）を考慮して算定した。

コメント 症状固定日及び休業損害が問題になった事案である。症状固定日については、被告より、医学的意見書が出されているが、事故から継続的な通院が認められることをもって、原告主張の固定日を認めた。休業損害については、メイクアップアーティストである原告は、年間売上げの事故前後の差額を休業損害と主張したが、経費を反映した数字でないこと、症状固定日以降の期間も対象となっていること、減収すべてが事故によるものと直ちに認められないことから、裁判所は、原告主張の休業損害を認めなかった。もっとも、事故前年の同時期の売上げの差が150万円あり、これに対する事故による影響を認めたうえで、その7割を休業損害と認定した。経費の立証がどこまでされたか不明であるが、原告主張の6割の休業損害が認められた点には着目すべきである。

2-3 役員

㉙代表取締役について、会社の仕事内容、売上げの推移等を勘案して、年額96万円を労働対価として認めた事例（実年収805万円強）

事故概要

- 事故日：平成22年5月2日
- 事故態様：自動車 対 自動車
- 職業等：芸能事務所経営。他の取締役は2名。自身もタレント。
- 年収：805万6,162円
- 症状固定日：平成24年1月18日（69歳）
- 被害態様：
  - 傷病名：首腰背部右腕打撲
  - 通院状況：通院日数　38日
  - 後遺障害等級：非該当
  - 既住症：メニエール

和解内容

■ 人身

	原告主張	被告主張	裁判所
治療関係費　既払	281,026円	○	○
治療関係費　未払	12,940円		×※1
通院交通費・宿泊費等	66,880円		20,000円 ※2
損害賠償請求関係費用	6,300円		6,300円
休業損害	2,530,821円		394,500円 ※3
傷害慰謝料	1,758,000円		550,000円
薬代	201,600円		×※1
マッサージ代	518,000円		×※1
総損害額			
過失相殺	0%		0%
損益相殺　うち自賠	▲281,026円		○
弁護士費用	542,326円		
調整金			229,200円
請求額（認容額）	5,684,567円		1,200,000円
備考	※1 反訴原告は、上記傷病名により、病院に平成22年5月2日から平成23年2月26日まで実28日通院し、その後平成23年3月16日から平成24年1月8日まで通院し（実10日）（なお、カルテ上は平成23年3月と4月の治療内容が見当たらない）、症状固定となったが非該当。本件事故による受傷内容、診療経過、症状の推移等についての立証状況等に鑑みると、平成23年2月26日までの限度で因果関係ある治療費としての損害を認めるのが相当であり、それを超える平成23年3月16日以降は計上できない。 ※2 支出されたタクシー代の全額についてまで因果関係があるとはいえない。和解に限り上記の限度で計上する。		

備　考	※3 反訴原告は訴外会社の代表取締役である。訴外会社の取締役は2名である。会社の規模、事業内容、役員構成、本件事故前後の営業実態のほか、反訴原告の受傷内容等に照らすと、反訴原告、会社の受けた損害全体の実質は、反訴原告の受傷及び治療による具体的な就労制限に伴う休業損害を超えるものではなく（訴外会社が反訴原告に支給した報酬分は、訴外会社の反射損害である。）、これを超える営業損害を認めることはできない。そして、本件事故と相当因果関係のある実損の立証は困難であるも、和解に限り、訴外会社における反訴原告の地位、役割、反訴原告の仕事の内容、報酬の額、事故前後の売上げの推移、通院状況、症状の推移に鑑み、年額96万円（日額2,630円）を労働対価部分とし、治療期間を平準化して150日分の限度で相当因果関係のある損害として認める。

コメント　治療期間につき、事故から9か月弱の時点で症状固定とし、その後約10か月間の治療費等については、損害と認めなかった。平成23年3月及び4月の治療内容がカルテ上見当たらないとの指摘があるがこれも症状固定時期の判断に影響を与えたのであろうか。また、休業損害につき、代表取締役であることから報酬全額ではなく、一部を労働対価部分と認定している。反訴原告には報酬が支払われていたことからすると、実質的には訴外会社の反射損害を認めたものといえ、参考になる。

2-3 役員

㉚会社の規模・売上高等の事情から、労働対価を役員報酬の約 30%の限度で認めた事例

事故概要

- 事故日：平成 23 年 11 月 28 日
- 事故態様：自動車 対 自動車
- 職業等：A 社及び B 社の代表取締役
- 年収：平成 23 年
  - A 社：3,572 万円
  - B 社：1,440 万円
  - 計 5,012 万円
- 症状固定日：平成 24 年 9 月 13 日（35 歳）
- 被害態様：
  - 傷病名：腰、右坐骨神経症、右仙腸関節炎
  - 通院状況：通院日数　291 日（実 196 日）
  - 後遺障害等級：14 級 9 号（右下肢のしびれ痛み）
  - 既往症：腰ヘルニア（15 歳）当時通院
    - その後 19 年間通院なし
- その他：・休損の内訳：最初の 1 か月は 80％。その後固定まで 50％。
  - ・会社の損害 3,403 万 4,000 円（事故から 10 か月）→平成 26 年 2 月 3 日取締役会で、原告に支払った 2,121 万 5,168 円は将来賠償金を得たときに返還させる議決。

和解内容

■ 人身

	原告主張	被告主張	裁判所
治療関係費	1,808,023 円	△	○
通院交通費・宿泊費等	10,490 円	△	○
休業損害	21,215,168 円	×	3,978,082 円 ※1
傷害慰謝料	1,432,000 円	△	1,120,000 円 ※2
固定後治療費	127,934 円	×	0 円 ※3
後遺障害逸失利益	10,849,727 円	×	3,247,125 円 ※4
後遺障害慰謝料	1,100,000 円	△	
総損害額	36,543,342 円		
過失相殺	0%	40%	10% ※5
素因減額	0%	ヘルニア分	0% ※6
損益相殺 うち自賠	▲2,685,957 円	○	○
弁護士費用	3,385,738 円		
小計			7,451,391 円
調整金			548,609 円
請求額（認容額）			8,000,000 円

備考	※1 （1）存否 原告は、報酬を受領しており、会社との間の返還合意のみで、減収を認めることは困難である。（ただし、会社が原告に支払った報酬を反射損害として請求する余地もあるから、これは請求主体のみの問題ともいえる。）また、事故前後の売上げの減収が、原告の傷害のみによるものと認定することも困難である。しかし、今後の立証により、休損の存在が認められる蓋然性があることから、和解に限り以下のとおり認定する。 （2）労働対価 会社の規模、売上高、それに占める役員報酬総額の割合、会社の利益状況、原告の職務内容、年齢、報酬額、従業員の報酬、給料の額等を総合し、和解に限り、労働対価を1,500万円とする。 （3）休業割合 124日間につき50％、91日間につき30％、75日間につき10％。 （4）式 1,500万円÷365日×（124×0.5＋91×0.3＋75×0.1） ※2 赤い本別表Ⅱ。 ※3 必要性、相当性につき主張立証がない。 ※4 和解に限り1,500万円×5％×5年。 ※5 原告車と被告車走行路の幅員は、さほど異ならないものの、原告車の黄色中央線は明確であること、被告車走行路と原告車走行路相互の見通しはよく、被告車走行路の一時停止線は明らかであること、原告車走行路が県道であることなどを総合すると、原告車走行路は優先性が明らかであるというべきである。よって、判タ【105】により、基本過失割合は10：90。被告車前方不注視は著しい過失とはいえず、基本過失割合に含まれている。原告車が35m手前で停止している被告車を認識したことは認められるものの、被告車が交差点内に進入するのを認めたとまでは認められない。被告車が先入していたとも認められない。 ※6 素因減額をしなければ公平を害するほどの素因は認められない。

コメント 腰椎捻挫後の神経症状14級9号が自賠責で認定されている事例で、争点は多岐にわたるが、①原告自身が代表取締役を務める会社の損害、②腰ヘルニアの既往症の影響、が大きな争点である。①については、原告自身が代表取締役を務める会社が、将来賠償金を得た場合に役員報酬を返還することを条件に報酬を原告に支払っているが、裁判所は、この合意のみで原告自身の損害を認めることはできないとした。一方で、会社の反射損害として請求する余地を残した。②については、原告に事故より19年前に腰ヘルニアの治療歴がある（以後19年間治療歴なし）点をもって、被告より素因減額の主張がされたが、裁判所はこれを否定した。14級レベルであれば、通常のヘルニアがあることをもって素因減額がされることは一般的ではないが、それが19年前の治療歴であればなおさらである。

2-3 役員

㉛役員報酬について、収入の50%の部分休業を認めた事例

事故概要

- 事故日：平成24年7月24日
- 職業等：役員
- 年収：55万円/月
- 症状固定日：平成25年3月26日
- 被害態様：
  - 傷病名：左肩関節脱臼、腰部打撲、頸椎捻挫
- その他：原告が経営する歯医者は原告と非常勤の医師。2名＋助手4名。

事故態様

（自動車 対 自動二輪車）

和解内容

■ 人身

	原告主張	被告主張	裁判所
治療関係費	314,590円		○ 340,330円
通院交通費・宿泊費等	9,940円		○
休業損害	2,200,000円		1,100,000円 ※1
傷害慰謝料	1,350,000円	500,000円	500,000円
総損害額			
過失相殺	0%	相当程度	0% ※2
損益相殺	▲314,590円		▲340,330円
うち自賠	▲443,669円		
調整金			196,640円
請求額（認容額）	4,880,362円		1,950,000円 ※3
備考	※1 55万円を認定。部分休業50%。 ※2 直前にドア開放、交差点前で予測困難。 ※3 物損含む。		

■ 物損

	原告主張	被告主張	裁判所
時価額	143,420 円	○	
アクセサリー	653,333 円	×	
衣類	80,000 円	×	
総損害額			
請求額（認容額）			

コメント 歯医者を経営する法人役員である原告について、実質原告の稼働で成り立っていることを前提にして、部分休業として原告主張の50％を休業損害として認めた。慰謝料については、実通院が10日であることを前提に、50万円とした。全体としてみれば、バランスのとれた和解案であり当事者双方としても応じやすかったのではないだろうか。

2-3 役員

㉜役員であった被害者の休業損害について、業務に従事できなかった可能性を指摘して一定程度認めた事例

事故概要

- 事故日：平成 24 年 10 月 8 日
- 事故態様：追突
- 職業等：代表取締役
- 症状固定日：平成 25 年 6 月 1 日最終通院（38 歳）
- 被害態様：
  - 傷病名：頸椎腰椎捻挫等
  - 通院状況：通院日数　実 55 日
  - 後遺障害等級：非該当
- その他：不存在確認請求・訴訟のため、被告が被害者である。

和解内容

■ 人身

	原告主張	被告＝被害者主張	裁判所
治療関係費	548,520 円	548,520 円	548,520 円
通院交通費・宿泊費等		35,376 円	35,376 円
休業損害		2,200,000 円	456,000 円
傷害慰謝料	840,000 円	1,306,000 円	890,000 円
総損害額	1,388,520 円	4,089,896 円	1,929,896 円
損益相殺 うち自賠	▲548,520 円		▲548,520 円
弁護士費用		134,137 円	
調整金			78,624 円
請求額（認容額）	840,000 円	3,675,513 円	1,460,000 円
備　考		和解に限り、病院 2 日は 40％、整骨院 53 日は 20％で休損を認める。最終通院 6 月 1 日の前が 4 月 23 日で空いているから慰謝料減額。	

コメント　主として治療期間と休業損害が争われたケースである。特に、後者について、株式会社代表取締役として休業損害を請求することが認められるかという点において、裁判所は、休業損害の発生には疑問があるとしながら、「しかし、一定の時間会社の業務に従事できなかった可能性は認められるので」という理由を付して、被告主張額の約 20％ を休業損害として認定している。代表取締役の休業損害を請求する場合の構成として、それを被害者本人の損害とするか、会社の損害とするか迷うこともあるが、本件では被告は会社の損害としてこれを主張しているにもかかわらず、裁判所は本人の損害であることを前提として和解案を出していることが参考になる。

2-3 役員

㉝役員報酬について、労働対価性が低いとして、賃セ男子全年齢平均を基礎に基礎収入を認めた事例

事故概要

- 事故日：平成 22 年 4 月 27 日
- 職業等：会社員
- 年収：1,695 万円
- 症状固定日：平成 23 年 12 月 6 日（46 歳）
- 被害態様：
  - 傷病名：右肩右肘捻挫、右手関節痛、右肩腱板損傷、頸椎捻挫
  - 通院状況：通院日数　実 116 日
  - 後遺障害等級：14 級

事故態様

（自動車 対 自動二輪車）
同一方向、原告第一車線、被告第二車線。
被告がウインカーなく急停止、左折を開始。
避けようとした原告がスリップして転倒。

和解内容

■ 人身

	原告主張	被告主張	裁判所
治療関係費	803,334 円		785,934 円
通院交通費・宿泊費等	62,510 円		61,310 円
損害賠償請求関係費用	22,050 円		22,050 円
休業損害	4,577,233 円		1,633,541 円 ※1
傷害慰謝料	1,761,466 円		1,500,000 円 ※2
後遺障害逸失利益	10,865,967 円		1,132,207 円 ※3
後遺障害慰謝料	1,100,000 円		1,100,000 円
総損害額	19,192,560 円		6,235,042 円
過失相殺	0%		10% ※4
素因減額			
損益相殺	▲848,119 円		▲848,119 円
うち自賠	▲750,000 円		▲750,000 円
弁護士費用	1,759,444 円		
調整金			486,582 円
請求額（認容額）	19,427,138 円		4,500,000 円

備 考	※1 (1) 基礎収入は現時点の証拠からは、原告の労働対価に関する金額が必ずしも明らかではないが、原告の就労状況等を考慮し、和解においては、平成22年の賃セ（男子学歴計全年齢）である523万200円とする。なお、原告は本件事故前年において5社からの所得合計が1,440万2,500円であったと主張する。しかし、1社分は本件事故とは別原因により平成21年9月に原告が辞任していることから休業損害は生じない。また他の4社に関しても役員報酬であるからその労働の対価部分の金額は必ずしも明らかではなく、収入合計をそのまま基礎収入とするのは相当ではない。 (2) 休業日数は鍼灸院通院日数2日を除く通院日数である114日とする。 ※2 原告の傷害の内容、程度、治療の経過等に鑑み、当事者間に争いのない150万円の限度で認める。 ※3 基礎収入は523万200円。労働能力喪失率が5%であることは当事者間に争いはなく、労働能力喪失期間は5年とする。 ※4 本件事故は信号機による交通整理の行われている交差点において左折しようとした被告車にその後方から直進しようとした原告二輪車が衝突しそうになって、これを回避して転倒した事案（判タ【213】）。被告車が合図をせずに左折したことを考慮し、本件における過失割合は10%とする。 原告は被告車が徐行していないと主張するがブレーキをかけてから停止するまでが2.7mしかないことからすると被告車が徐行していないとは認め難い。

コメント 休業損害の基礎収入算定において、原告が役員報酬を受け取っていたが、労働対価性が明らかではないとして、役員報酬すべてについて基礎収入とすることは否定した。そのうえで、賃セ（男子学歴計全年齢）を基礎収入として採用している和解案である。役員報酬の労働対価性を示すことは容易ではないが、そういった際の考え方として賃セを使用することができるという点で参考になる和解案である。

2-4 醜状変形

㉞年齢や職業、腰痛の症状から労働能力喪失率表の数値をそのまま採用した事例

事故概要

- 事故日：平成23年10月6日午後10時25分
- 事故態様：自動車 対 歩行者
- 職業等：バス出庫に際し他車両に停車を促す仕事
- 年収：287万6,046円（基礎収入　7,400円/日）
- 症状固定日：平成24年11月5日
- 被害態様：
  - 傷病名：頭部外傷、脳挫傷、腰椎圧迫骨折、肩関節周囲炎、慢性硬膜下血腫
  - 通院状況：入院日数　44日
  　　　　　通院日数　実179日
  - 後遺障害等級：併合10級
  　　　　　　　11級7号 腰椎変形・痛み/12級13号 脳挫傷痕
  - 既住症：なし
- その他：原告は労災からの563万2,987円を請求から控除していなかったため、384万9,802円に訴えを変更。

和解内容

■ 人身

	原告主張	被告主張	裁判所
治療関係費	4,000円		0円 ※1
文書料	24,150円		○ ※2
入院雑費	66,000円		○ ※2
通院交通費・宿泊費等	9,240円	○	○
付添人交通費	9,120円		0円 ※3
装具・器具等購入費	123,900円		50,000円 ※4
休業損害	1,761,200円		1,184,000円 ※5
傷害慰謝料	1,940,000円		1,790,000円 ※6
後遺障害逸失利益	4,241,782円		○ ※7
後遺障害慰謝料	5,500,000円		○
総損害額	**12,512,123円**		
過失相殺	0%	55%	35% ※8
損益相殺	▲9,837,827円		▲6,736,048円 ※9
うち自賠	▲4,204,840円		
弁護士費用	1,367,495円		0円
調整金			173,686円
請求額（認容額）	9,558,495円→ （訂正）3,849,802円		1,800,000円

| 備　考 | ※1 労災保険により補塡済みである。
※2 治療費に類するものではなく、療養補償給付により補塡されないと考える。
※3 付添いの必要性について立証がない。
※4 事故当時の眼鏡の価値は不明であるが、和解においては左記金額を認める。
※5 入院44日とその余の期間194日についてはその約6割の116日間、合計160日を認める（原告請求の式は7,400円×238日）。
※6 入院44日、通院8か月。
※7 原告の年齢、職業（いわゆる体を使う仕事）、腰痛がみられていることなどからすると、労働能力喪失率表の数値を採用するのが相当である。
※8 基本過失割合20％、判タ【37】。
夜間＋5、幹線道路＋10、横断禁止規制＋5（ガードレール等を乗り越えたものではない）。急な飛び出しについては客観的な証拠がない。
本件証拠上、他の車線に停車車両があったとは認められないが、原告は蛍光色の帯を着用し、反射材の誘導棒を所持していたところ、横断中であり、横向きだった可能性が高いことを考慮しても、視認容易性により－5の修正をするのが相当である。
※9 休業補償給付と障害補償給付は消極損害（休損及び逸失利益）に充当される。これに自賠責保険の既払い額を加えた。なお、療養補償給付は治療費に充当済みである。|

コメント　①労働能力喪失率及び②労災からの給付の充当方法が問題となった事案である。①につき、原告の後遺障害は、腰椎変形11級と脳挫傷痕12級の併合10級であるが、いずれも、実質的な労働能力喪失率が争われる後遺障害であり、労働への影響次第では自賠責認定の等級相当の労働能力喪失率を下回ることも少なくないところ、裁判所は、原告の職種、症状から、10級どおりの労働能力喪失率を認定した。②については、療養補償の充当方法につき治療費に、休業補償給付及び障害補償給付の充当方法につき、消極損害に充当するという充当方法を認めた。①につき腰椎変形と脳挫傷痕の後遺障害等級で等級どおりの労働能力喪失率が認定されているのは、原告の仕事が体力仕事であるとはいえ、原告にかなり有利な認定だったのではないだろうか。

2-4 醜状変形

㉟顔面醜状9級16号。労働能力への影響はほとんどないが、しびれや感覚障害があることから労働能力喪失率7％を認めた事例

事故概要

- 事故日：平成22年12月8日
- 職業等：会社員　平成24年7月退職
- 年収：446万2,500円　給与収入
- 症状固定日：平成23年10月27日（42歳）
- 被害態様：
  - 傷病名：外傷性くも膜下出血、外傷性三叉神経障害、顔面挫創 等
  - 後遺障害等級：9級16号

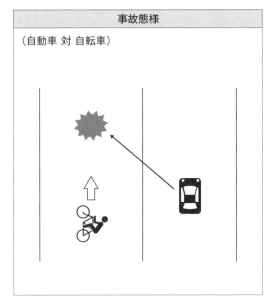

事故態様

（自動車 対 自転車）

和解内容

■ 人身

	原告主張	被告主張	裁判所
治療関係費	2,591,215円		2,357,865円 ※1
通院交通費・宿泊費等	164,720円		140,400円 ※2
休業損害	2,879,324円		1,584,838円
傷害慰謝料	1,475,000円		1,100,000円
後遺障害逸失利益	24,659,392円		4,117,462円 ※3
後遺障害慰謝料	6,900,000円		6,900,000円
総損害額			16,200,565円
過失相殺			20% ※4
損益相殺	▲10,696,819円	○	○
うち自賠	▲6,160,000円		
弁護士費用	3,143,721円		
調整金			337,767円
請求額（認容額）			3,600,000円

備　考	※1 遅くとも平成23年5月20日まで。10月27日は後遺障害診断書を作りに行っただけ。鍼灸費用が100万円以上あるが、必要性・相当性に疑問。認められるとしても頻度・額に疑問。しかし、被告付保険会社が支払っていた部分について和解に限り認めた。 ※2 既払分のみ。 ※3 醜状による影響はほとんどない。 　　しびれ・感覚障害　7％　（H20＋H21）÷2＝4,173,500円　67歳まで。 ※4 実況見分調書どおり。

コメント　事故から約11か月後に症状固定と主張した原告の治療費につき、事故から5か月強で症状固定とした。このケースでは最後の通院から相当期間が空いて事故から約11か月後に後遺障害診断書を作成してもらったというケースであり、結論妥当と思われる。また、鍼灸費用が100万円以上あり、判決では認められない可能性が相当高いが、被告付保険会社が支払っていたこともあり、和解に限り認めた点はバランス感覚として正当なように思われる。被害者側代理人としては、既払部分の損害が否定されることほど和解を難しくするものはないと感じることが多いのではないだろうか。なお、9級相当の醜状障害につき、逸失利益に影響ないとしながら、しびれや感覚障害があることを理由に7％、67歳までの労働能力喪失を認めている点が参考になる。

2-4 醜状変形

㊱固定時9歳男性、前額部線状痕14級10号。就労可能性に対する不利益の可能性と将来の不確実な事実に関わる点を考慮して、労働能力喪失率2%を認めた事例

事故概要

- 事故日：平成21年10月19日
- 症状固定日：平成25年10月19日（9歳）
- 被害態様：
  - 傷病名：頭、顔、右手及び腰部捻挫、全身打撲、左脛骨骨折
  - 通院状況：入院日数　69日
  - 後遺障害等級：14級10号

和解内容

■ 人身

	原告主張	被告主張	裁判所
積極損害	2,974,198円		
傷害慰謝料	2,729,000円		180,000円
後遺障害逸失利益	3,084,628円		1,240,550円 ※1
後遺障害慰謝料	1,500,000円		1,100,000円
総損害額	**10,287,826円**		**6,015,555円**
損益相殺	▲3,024,408円		▲3,024,408円
うち自賠	▲750,000円		▲750,000円
弁護士費用	651,342円		
請求額（認容額）	**7,164,760円**		**2,500,000円**
備考	※1 前額部の線状痕は日常の動作に伴い頭髪の間から容易に現れる部位にあり、その他のものについても人目につく程度以上のものであると認められる。原告の年齢を考慮すると性別（男性）を踏まえても、将来の具体的就労可能性及び後遺症の内容・程度がこれに及ぼし得る不利益の可能性に鑑みると、後遺障害等級表14級を踏まえるも、将来の不確実な事実に関わる諸事情を考慮して5%の4割程度（2%）とする。		

コメント

事故時5歳男性。事故により頭、顔、右手及び腰部捻挫、全身打撲、左脛骨骨折の傷病名により69日間入院した。9歳で症状固定。前額部の線状痕について後遺障害等級14級認定。裁判所は、逸失利益について、「前額部の線状痕は日常の動作に伴い頭髪の間から容易に現れる部位にあり、その他のものについても人目につく程度以上のものであると認められる。原告の年齢を考慮すると性別（男性）を踏まえても、将来の具体的就労可能性及び後遺症の内容・程度がこれに及ぼし得る不利益の可能性に鑑みると、後遺障害等級表14級を踏まえるも、将来の不確実な事実に関わる諸事情を考慮して5%の4割程度（2%）とする。」と認めた。男性の顔面醜状で、かつ症状固定時9歳の事案であり、後遺障害慰謝料についてはさておき、逸失利益として評価し得る後遺障害なのか争いが生じやすい事案である。前額部の頭髪付近の線状痕でありそれほど深刻な醜状とは評価されない内容であるが、わずかではあるが、逸失利益を認めた事案であり、被害者の感情に配慮した柔軟な解決であったと評価できる。

2-4 醜状変形

㊲鎖骨変形と脳挫傷痕の後遺障害等級（併合11級）を残す45歳原告の逸失利益につき、労働能力喪失率14%、労働能力喪失期間20年を認めた事例

事故概要

- 事故日：平成23年11月10日
- 事故態様：自動車 対 自動二輪車
- 職業等：マッサージ師
- 年収：388万8,364円
- 症状固定日：平成25年3月30日（45歳）
- 被害態様：
  - 傷病名：左大腿骨骨折、左多発肋骨骨折、左鎖骨骨折、左くも膜下左前頭葉挫傷、左後頭部骨折
  - 通院状況：入院日数　141日
    　　　　　通院日数　実367日
  - 後遺障害等級：併合11級（頭12級13号、左鎖骨変形12級5号、膝痛み14級9号）

和解内容

■ 人身

	原告主張	被告主張	裁判所
治療関係費	5,435,610円		5,435,610円
入通院付添費	569,580円		569,580円
入院雑費	211,500円		211,500円
通院交通費・宿泊費等	128,410円		128,410円
休業損害	5,051,611円		5,051,611円
傷害慰謝料	3,536,000円		2,740,000円
その他	44,361円		44,361円
後遺障害逸失利益	10,236,770円		6,784,234円
後遺障害慰謝料	4,200,000円		4,200,000円
総損害額	29,413,842円		25,130,436円
過失相殺	35%	70%以上	45%
損益相殺			労災▲8,489,041円
うち自賠	自賠▲3,310,000円		自賠▲3,310,000円
遅延損害金	1,155,845円		×
請求額（認容額）	8,475,910円		2,022,699円

■ 物損

	原告主張	被告主張	裁判所
修理費用	87,023 円		20,000 円
総損害額			
過失相殺	56,565 円（35%）		11,000 円（45%）
弁護士費用	人身も併せて 930,000 円		
請求額（認容額）			

コメント 裁判所は、鎖骨の変形障害について労働能力の喪失は認められないとしつつ、後遺障害すべてを併せて労働能力喪失率を14%とし、そのうえで、頭部の神経症状について痛み等の症状もない脳挫傷が認められることのみを理由とした12級13号であるが、いわゆるむち打ち症等でなく脳挫傷に起因する神経症状であることを考慮し、和解限りで労働能力喪失期間を20年とした。過失について争いがあり、原告主張は35：65、被告主張は原告の過失70以上であったが、裁判所は原告45：被告55を認定した。被告車両が通行していたのが優先道路であるのかが争いになったが、裁判所は、被告車両が通行していた道路が原告通行道路よりも約1.1メートル広いから、同幅員の交差点であるとはいえないが、被告通行道路に顕著な優先性があるともいえないとしつつ、原告通行道路に一時停止線があることを考慮し、判タ【170】を参考にし、原告車両が一時停止の後に交差点に進入していることが証拠上認められるとして、45：55とした。労働能力喪失期間について、症状がない12級5号や、逸失利益に争いが生じやすい鎖骨の変形障害等を併せて20年の労働能力喪失期間を認めた点については、原告側に配慮した内容といえよう。過失割合については、ほぼ同一の幅員であるから、原告車両側の一時停止線をもって判タ【170】の事例を適用した点は妥当である。

2-4　醜状変形

㊳高校1年生・男性が顔面醜状9級16号を残した件につき、年齢に照らし職業選択や就労への影響から一定の逸失利益を認めたが、期間を制限した事例

事故概要

- 事故日：平成24年9月12日
- 事故態様：自動車 対 自転車
- 職業等：学生
- 年齢：15歳
- 被害態様：
  - 傷病名：急性硬膜外血腫、頭がい骨骨折、顔面挫創
  - 通院状況：入院日数　24日
　　　　　　　通院日数　実26日
  - 後遺障害等級：脳挫傷⇒12級13号
　　　　　　　　顔面醜状⇒9級16号　併合8級

和解内容

■ 人身

	原告主張	被告主張	裁判所
治療関係費	1,004,443円		1,004,443円
入院雑費	36,000円		36,000円
通院交通費・宿泊費等	14,040円		14,040円
休業損害	79,837円		
傷害慰謝料	1,600,000円		1,200,000円
看護料	98,400円		98,400円
看護人交通費	12,960円		12,960円
後遺障害逸失利益	16,460,671円		6,027,563円 ※1
後遺障害慰謝料	8,300,000円		8,300,000円 ※2
総損害額			
過失相殺	30%	45%	40% ※3
損益相殺 うち自賠	▲1,084,280円		▲1,084,280円
弁護士費用	2,700,000円		
調整金			568,237円
請求額（認容額）	28,393,880円		9,500,000円

備　考	※1 表（下記）のとおり算定した。 醜状痕の程度は9級と深刻であり、被害者の年齢に照らし、職業選択や就労への影響が考えられる。ただしその期間は社会生活における一定の地位や対人関係を築くまでの20年間とした。

	原告	被告	裁判所	備考
収入	6,481,600円	5,296,800円	6,481,600円	大卒男子
喪失率	20%		10%	女子でも7級で10％が多い（平成23年赤い本参照）
22歳までの期間（ライプニッツ係数）			6年 (5.0756)	
20年後まで（ライプニッツ係数）			26年 (14.37751)	20年間
ライプニッツ係数			9.2995	
結果			6,027,563円	

※2 開頭血腫除去術を受ける重篤な傷害であったこと、その一方で通院時の傷病名は外傷性頸部症候群であることを考慮した。
※3 基本過失割合どおり　判タ【244】。

コメント　高校1年生男子の顔面の醜状について9級が認定された事案について、一定程度の逸失利益を認定したが、その期間を20年と限定した事例。顔面の醜状について、女性は比較的逸失利益の認定がされやすいが、男性の場合は認められにくい傾向は現在でもあると思われるところ、本件では9級に該当する深刻な醜状痕であることに着目し、逸失利益が生じることを認めているという意味で意義深い和解案である。

2-4 醜状変形

㊴ 27歳女性で、左頬部瘢痕12級14号。減収はないが対人関係の心理的負荷、営業への異動可能性から一定の逸失利益を認めた事例

事故概要

- 事故日：平成25年1月19日
- 職業等：生命保険会社勤務
- 年収：344万9,148円
- 症状固定日：平成25年5月8日（27歳）
- 被害態様：
  - 傷病名：擦過創後の瘢痕形成
  - 通院状況：通院日数　実12日
  - 後遺障害等級：12級14号（左頬の瘢痕が10円玉大以上）
- その他：原告に減収がないことが争いになった。事故後コンプライアンス統括部に異動にはなったが、減収なし。

事故態様

（自動車 対 歩行者）

駐車車両を避けるために駐車車両の後部にいったん停車後、右に進路変更して発進し、対向車線にはみ出し、その後左に進路変更して自車線に戻ろうとした。この際、道路を横断していた原告に衝突。

和解内容

■ 人身

	原告主張	被告主張	裁判所
治療関係費	298,100円	298,100円	298,100円
通院交通費・宿泊費等	5,240円	5,240円	5,240円
休業損害	103,318円	97,514円	97,514円
傷害慰謝料	1,300,000円	0円	1,200,000円 ※1
後遺障害逸失利益	4,298,397円	0円	2,267,994円 ※2
後遺障害慰謝料	3,000,000円		2,900,000円
総損害額			
過失相殺	0%		20%／80% ※3
損益相殺 うち自賠	▲2,738,588円		▲2,738,588円
弁護士費用	677,329円		0円
調整金			123,510円
請求額（認容額）	7,450,618円		2,800,000円
備考	※1 原告の傷害内容、通院期間のほか本件の事情を総合的に考慮し、和解案としては120万円とする。 ※2 基礎収入は原告主張額とする。瘢痕の状況や原告の職務内容等の事情を総合考慮し、和解案としては労働能力喪失率は7％、労働能力喪失期間は13年とする。 ※3 本件事故の態様に照らし、基本過失割合は20：80とする。これに夜間修正＋5、住宅街修正－5等を考慮する。			

コメント 27歳女性が事故によって、顔面の醜状で12級14号を獲得した。現実的な減収はないが、逸失利益を考慮するにつき、原告の職務内容及び対人関係の心理的負荷、営業への異動可能性等の事情を考慮し、逸失利益を7％、13年認めたものであり、参考になる。一般論として、営業職であれば顔面の醜状についても労働能力喪失が認められやすいところ、本件では、それに加え原告が若年女性であったことも判断に影響した可能性がある。

2-4 醜状変形

㊵ 68歳の家事従事者で、醜状7級12号。労働能力喪失率について14%を認めた事例

事故概要

- 事故日：平成22年4月26日
- 事故態様：自動車 対 自転車
  自転車が右側端を走行して対向車両と衝突
- 職業等：家事従事者
- 症状固定日：平成24年4月19日（68歳）
- 被害態様：
  - 傷病名：左頬骨骨折、左眼部打撲、左眼窩底骨折、右足打撲傷、腰椎椎間板症
  - 通院状況：入院日数　24日
    通院日数　実49日
  - 後遺障害等級：7級12号

和解内容

■ 人身

	原告主張	被告主張	裁判所
治療関係費	1,077,865 円		1,077,865 円 ※1
入通院付添費	120,000 円		
入院雑費	36,000 円	36,000 円	36,000 円
通院交通費・宿泊費等	34,333 円		34,333 円
休業損害	1,871,597 円	371,257 円	1,768,257 円
傷害慰謝料	1,620,000 円	950,000 円	1,620,000 円
事故証明	540 円	540 円	540 円
後遺障害逸失利益	3,962,249 円	380,431 円	3,466,968 円
後遺障害慰謝料	10,000,000 円		10,000,000 円
総損害額	**18,722,584 円**	**1,738,228 円**	**18,003,963 円**
過失相殺		40%	15% ※2
損益相殺 うち自賠	▲11,619,955 円	▲11,619,955 円	▲11,619,955 円
弁護士費用	710,000 円		
請求額（認容額）	**7,812,629 円**	**－9,881,727 円**	**3,683,413 円**
備考	※1 治療期間：形成外科にて目の治療を受けていた期間も全額全期間認める 付添いについては事実及び必要性を認めるに足る証拠なし。 逸失利益：家事従事者であっても買物など人と接する仕事は少なくないこと、14級程度の異常感覚が残っていることから、醜状障害であっても16%の喪失率主張、これに対して裁判所は14%を認めた。 ※2 原告主張の判タ【303】でなく、判タ【300】の40：60として、原告が高齢者であること、被告が時速15キロメートル以上の速度超過をしていること、ドライブレコーダー上で脇見運転していること（ただし、著しい過失とまでは評価しない）などを考慮し、15%とした。		

コメント 家事従事者女性の顔面の醜状（7級）の労働能力喪失率を14％と認めた事案。68歳家事従事者女性の左頬の醜状（7級）及び同部の神経症状（14級）について、家事従事者であっても人と接する仕事はあること及び左頬骨折に伴う知覚異常が認められることなどを考慮して、かつ東京地判平成22年8月31日自動車保険ジャーナル1833号124頁を参考に、14％の労働能力喪失率を認めた。職業だけでなく年齢も踏まえると、珍しいケースといえるのではないかと思われるが、逸失利益を完全に否定する場合、後遺障害慰謝料が増額され得ることも考えると、結論としての金額は隠当なところといえるのではないか。

2-5 減収なし

㊶固定時44歳生命保険営業。14級9号。減収ないが5％5年を認めた事例

事故概要

- 事故日：平成24年9月10日
- 事故態様：自動車 対 自動二輪車
- 職業等：生命保険営業
- 年収：1,241万6,976円
- 症状固定日：平成25年8月2日（44歳）
- 被害態様：
  - 傷病名：頸椎、腰椎捻挫、右股関節捻挫
  - 通院状況：通院日数　実25日

和解内容

■ 人身

	原告主張	被告主張	裁判所
治療関係費	1,459,266円	× 797,393円	1,459,266円
通院交通費・宿泊費等	45,085円	×	41,285円 ※1
休業損害	1,497,919円	×	510,286円 ※2
傷害慰謝料	1,900,000円	×	1,000,000円 ※3
後遺障害逸失利益	10,273,185円	×	2,687,964円 ※4
後遺障害慰謝料	1,100,000円	×	1,100,000円
総損害額	16,275,455円		6,798,801円
過失相殺	0%		0%
損益相殺 うち自賠	▲1,459,266円		▲1,4592,66円
弁護士費用	1,481,618円		なし
請求額（認容額）	16,297,807円		5,700,000円
備考	※1 駐車場代の中で二重計算していた部分を否定。 ※2 12,416,976円÷365日×15日　その余は減収がなく否定。 ※3 11か月間の通院期間を考慮。 ※4 被告は後遺障害の因果関係を否認するも、裁判所は事故による物損（バンパー取替え、板金）や経年性ヘルニアがあったことを理由に後遺障害が事故により生じたと認めた。			

コメント 頚椎捻挫で14級9号が自賠責保険で認定されていたが、その該当性が争われた事案。裁判所は、原告車の後部バンパーカバーが取替え修理されていること、その他の部分も板金修理されていることから、本件事故が車体の損傷を伴う事故であったことを認めたうえで、原告が受傷当初から一貫して症状を訴えていること、原告の頚椎椎間板ヘルニアが経年的変化によるところがあるとしても、そのことのみによって直ちに外傷性であることが否定されるものではないことからすれば、原告には14級9号の後遺障害が残っていると認めるのが相当として、自賠責保険の認定どおり14級9号を認定した。この事案は、単純に裁判所が自賠責保険の認定どおりに後遺障害を認定したにすぎないようにもみえるが、事故による物損状況、通院状況、画像等を総合考慮して後遺障害等級該当性を認定したものであり、自賠責保険では非該当であった場合や、自賠責保険が使えない事案等でも参考となる。

2-5 減収なし

㊷ 減収はないが5％5年の逸失利益を認めた事例

事故概要

- 事故日：平成24年3月11日
- 事故態様：自動車 対 自動車
  　　　　　追突
- 職業等：バスの運転手
- 年収：668万3,126円（平成23年）
  ※事故後の年収は638万7,762円
- 症状固定日：平成24年9月7日（41歳）
- 被害態様：
  - 傷病名：頸椎捻挫、後頭部痛、首の可動域制限
  - 通院状況：通院日数 実119日
  - 後遺障害等級：14級9号

和解内容

■ 人身

	原告主張	被告主張	裁判所
治療関係費	672,917円	680,877円	680,877円
通院交通費・宿泊費等	10,590円	8,790円	9,790円 ※1
休業損害	1,219,239円	75,262円	387,060円 ※2
傷害慰謝料	894,333円	0円	880,000円 ※3
後遺障害逸失利益	4,803,563円	1,446,729円	1,446,729円 ※4
後遺障害慰謝料	1,110,000円	○	○
総損害額			
弁護士費用	717,411円		
調整金			352,075円 ※5
請求額（認容額）	7,858,622円	1,748,187円	3,300,000円
備考	※1 和解としては症状固定前の9,790円とする。 ※2 収入日額は、和解案としては原告主張額とする。休業日数は、現時点までの当事者の主張立証内容に照らし、和解に限り20日分とする。 19,353円×20日＝387,060円 ※3 原告の傷害内容、通院期間に鑑み、88万円とする。 ※4 基礎収入と喪失率は原告主張を認める。喪失期間は、原告の後遺障害内容に鑑み、5年とする。 ※5 事故からの時間の経過、本訴提起前の交渉経過、事案の内容に鑑み調整金を加算する。			

コメント　バスの運転手が事故に遭い、頸部の神経症状14級を遺した事案である。原告からは、5年を超える喪失期間が主張されたが、裁判所は、5年とした。また、休業損害につき、被告からは、有給5日以外は早退も遅刻もないことを理由として、有給分のみが休損である旨の反論がされたが、原告からは、残業ができなくなり、収入が減少した旨の反論がされたところ、裁判所は、20日を休業日数として和解案を提示した。

2-5　減収なし

㊸固定時57歳給与所得者。腰椎変形11級7号。減収はないが、将来的な収入減少をもたらす可能性から労働能力喪失率10%を認めた事例

事故概要

- 事故日：平成23年12月25日
- 職業等：会社員
- 年収：517万5,512円
- 症状固定日：平成25年10月12日（57歳）
- 被害態様：
  - 傷病名：第二腰椎圧迫骨折
  - 通院状況：通院日数　実88日
  - 後遺障害等級：11級7号変形…認定票はない（自転車同士）

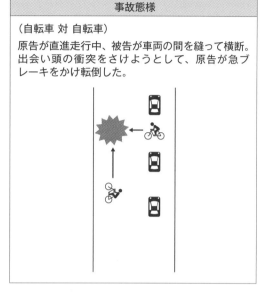

事故態様

（自転車 対 自転車）
原告が直進走行中、被告が車両の間を縫って横断。出会い頭の衝突をさけようとして、原告が急ブレーキをかけ転倒した。

和解内容

■ 人身

	原告主張	被告主張	裁判所
治療関係費	274,830円		274,830円
通院交通費・宿泊費等	9,490円		9,490円
休業損害	655,400円		655,400円
傷害慰謝料	1,426,000円		1,426,000円
後遺障害逸失利益	7,987,790円		3,993,895円 ※1
後遺障害慰謝料	4,200,000円		4,200,000円
その他	28,330円	28,330円	28,330円
総損害額	**14,581,840円**	**6,594,050円**	**10,587,945円**
過失相殺			15% ※2
損益相殺　うち自賠	▲283,990円		▲283,990円
弁護士費用	1,429,785円		
調整金			784,237円
請求額（認容額）	**15,727,635円**		**9,500,000円**
備考	※1 基礎収入、労働能力喪失期間は、原告主張額とする。労働能力喪失率については脊柱変形の事実があり、将来的な減収をもたらす可能性が十分にあるものの、原告の収入に減少がみられないことに鑑み、10%とする。 ※2 本件事故態様、本件が幹線道路の事故であること等の事情を考慮して、和解案として15：85。			

コメント 原告は事故後も目にみえる収入の減少がなかったが、これに対し裁判所はその病態から将来の減収可能性を認定し、10％の労働能力喪失率を認定している。一般論として、腰椎圧迫骨折による変形障害のみではそもそも労働能力喪失が認められづらいうえ、減収がない場合、労働能力喪失率が認定されないことが多々ある中で、労働能力喪失率自体を認定したことは、画期的な和解案といえる。原告の主張立証が奏功した結果といえる。

2-5　減収なし

㊹固定時30歳給与所得者。14級9号で減収はないが経済的不利益を総合考慮して5％5年を認めた事例

事故概要

- 事故日：平成23年4月28日
- 事故態様：自動二輪車 対 自動車
  追突主張、実際は原告が追い越した際の被告の合図遅れ左折。
- 職業等：会社員
- 年収：529万6,800円
- 症状固定日：平成24年8月9日（30歳）
- 被害態様：
  - 傷病名：頸椎捻挫、腰椎捻挫
  - 通院状況：1年の通院期間の主張
  - 後遺障害等級：14級9号

和解内容

■ 人身

	原告主張	被告主張	裁判所
治療関係費	953,354円		856,916円 ※1
休業損害	560,016円	○	560,016円
傷害慰謝料	1,540,000円	×	1,300,000円 ※1
後遺障害逸失利益	4,425,820円	×	930,842円 ※2
後遺障害慰謝料	1,100,000円	×	1,100,000円
総損害額	**8,756,482円**		**4,747,774円**
過失相殺			5％
損益相殺	▲2,121,358円		▲2,121,358円
うち自賠	▲750,000円		
弁護士費用	663,512円		
調整金			110,000円程度
請求額（認容額）	**7,298,636円**		**2,500,000円**
備考	※1 鍼灸費用は半額、他は通院過多でも全部認容、慰謝料は減額、症状固定後の請求は否定。 ※2 37年主張に対し5年認定、減収はないが経済的不利益を総合考慮した。追い越した際の被告の合図遅れから、過失相殺は大きくは行わず、5％のみとした。		

■ 物損

	原告主張	被告主張	裁判所
時価額	151,000 円	○	151,000 円
買換え費用	42,000 円	○	42,000 円
レッカー代	6,300 円		6,300 円
廃車費用	10,000 円		10,000 円
総損害額			
過失相殺			5％
請求額（認容額）			

コメント　減収がない事案における14級神経症状について喪失率5％、喪失期間5年を認めた事案。減収がない事案ではあるが、裁判所は、「本件事故当時の原告の年齢、職業、後遺症の内容・程度及びそれが本件事故後の原告の就労に及ぼす影響を考慮し、本件事故前年の年収を基礎収入とし、5％、5年として算定した限度で後遺症が被害者にもたらす経済的不利益を肯認するに足りる特段の事情の存在を認める」とした。被告から素因減額の主張があったが、触れてもいない。14級の神経症状については、減収の有無の区別なく労働能力喪失率5％、喪失期間5年で逸失利益を認定する運用が一般的であり、本件もその一例といえる。

2-5 減収なし

㊺ 事故時39歳テレビ局勤務で14級9号を残した被害者について、減収はないが5%5年の逸失利益を認めた事例

事故概要

■ 事故日：平成25年11月22日
■ 事故態様：自動車 対 自動車
　　　　　　タクシー後部座席に乗車中、停止中に追突された。
■ 職業等：会社員
■ 年収：1,364万6,850円
■ 症状固定日：平成26年5月31日（39歳）
■ 被害態様：
　● 傷病名：頸椎捻挫、腰椎捻挫、末梢神経障害
　● 通院状況：通院日数　実190日
　● 後遺障害等級：14級9号

和解内容

■ 人身

	原告主張	被告主張	裁判所
治療関係費	18,000円		18,000円 ※1
休業損害	107,415円		0円 ※2
傷害慰謝料	1,186,670円		950,000円 ※3
後遺障害逸失利益	5,268,844円		2,954,202円
後遺障害慰謝料	1,800,000円		1,100,000円
総損害額	**8,380,929円**		**5,022,202円**
過失相殺	0%		0%
損益相殺 うち自賠			▲93,522円
弁護士費用	838,093円		
調整金			71,320円
請求額（認容額）	**9,219,022円**		**5,000,000円**
備考	※1 施術の必要性有効性については疑問もあるが、法律上の資格に基づく鍼灸治療であることがうかがわれ、期間・費用も直ちに相当性を欠くとはいえない。和解案においては実費補填の趣旨に鑑み、原告の主張を認める。 ※2 休損証明によっても、通院は休憩時間を利用して行われたものであって、実通による欠勤または有給の取得はなく、給与もすべて支給されている。そうすると休損の発生は認め難い。 ※3 原告の傷害内容の程度、職場の休憩時間を利用しての通院を余儀なくされるなどの不便を強いられた等諸般の事情を考慮した。			

コメント 事故当時39歳のテレビ局勤務の者について、14級9号が認定されたものの現実の収入減がないという事案において、5％5年の逸失利益を認定した事例。休業損害が否定されると逸失利益も否定されることが多いが、本件では逸失利益を認定されている。具体的な理由は記載がないため不明であるが、一般論として、14級の神経症状であれば、厳密な減収立証がなくとも5％5年の逸失利益は認められる傾向にあるところ、本件はこれに加え、将来の減収可能性を認めたものと思われる。

2-5 減収なし

㊻ 固定時 28 歳。外傷性頸部症候群、脊髄空洞症。14 級 9 号。過去の収入状況を参考にして賃セの 9 割を基礎収入とした事例

事故概要

- 事故日：平成 24 年 12 月 28 日
- 症状固定日：平成 26 年 1 月 7 日（28 歳）
- 被害態様：
  - 傷病名：外傷性頸部症候群
    脊髄空洞症
  - 通院状況：入院日数　2 日
    通院日数　12 か月
  - 後遺障害等級：14 級 9 号

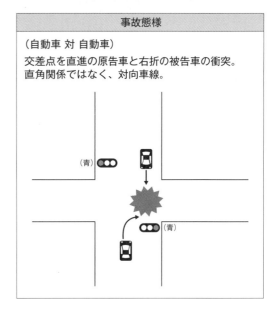

事故態様

（自動車 対 自動車）
交差点を直進の原告車と右折の被告車の衝突。
直角関係ではなく、対向車線。

和解内容

■ 人身

	原告主張	被告主張	裁判所
治療関係費	2,990 円		1,674,478 円 ※1
傷害慰謝料	1,213,000 円		1,213,000 円
後遺障害逸失利益	4,506,782 円		763,529 円 ※2
後遺障害慰謝料	110,000 円		110,000 円
総損害額			
過失相殺			10% ※3
損益相殺			1,854,418 円
うち自賠	750,000 円		750,000 円
遅延損害金	40,000 円		
調整金			95,582 円
請求額（認容額）	6,472,772 円		1,950,000 円
備考	※1 既払い分を計上 ※2 原告の本件事故当時の就労状況は明らかではないが平成 26 年 7 月～9 月までに 72 万 5,666 円（年 290 万 2,664 円）の収入を得ていたことを踏まえ、和解に限り賃セ平成 24 年男子学歴計 25 歳以上の年収の 9 割である 352 万 7,100 円程度の収入を得られたとする蓋然性があったものとして同金額を基礎に逸失利益を算定する。期間は 5 年 ※3 原告車・被告車の走行態様、信号の状況等本件事故態様を考慮し、原告の過失割合を 1 被告の過失割合を 9 とする。		

コメント 事故時無職者の基礎収入を算定するに際し、事故後の収入状況を参考にして事故年度の賃セ
を基礎収入として認めた事例。通常、逸失利益における基礎収入は事故前の収入をベースに
して考えるものだが、事故前から無職であったこと、事故後一定の収入を得ていることをとらえ、例外的
に事故後の収入状況を参考に基礎収入を決定している点で非常に参考になる和解案である。

2-6　むち打ち以外の14級・12級

㊼左大腿骨顆部骨折、左腓骨骨頭骨折、左大腿内転筋断裂で12級13号（可動域制限もあり）の被害者に逸失利益10年14％、その後10年7％を認めた事例

事故概要

- ■ 事故日：平成22年11月12日
- ■ 事故態様：自動車 対 歩行者
- ■ 職業等：タクシー運転手
- ■ 年収：原告主張は454万1,320円　1年前に転職。日当12,055円
- ■ 症状固定日：平成25年6月4日（47歳）
- ■ 被害態様：
  - 傷病名：左大腿骨顆部骨折・左腓骨骨頭骨折・左大腿内転筋断裂
  - 通院状況：入院日数　129日
  - 　　　　　通院日数　716日（実72日）
  - 後遺障害等級：12級13号（後診上可動域制限あり）
  - 既住症：なし
- ■ その他：平成25年は381万円・事故直前は閑散期。

和解内容

■ 人身

	原告主張	被告主張	裁判所
治療関係費	既払い		既払い
入院雑費	181,530円	△	181,530円
通院交通費・宿泊費等	225,540円	23.8.30以降は×	225,540円
休業損害	6,317,344円 +237,011円	△	6,377,095円 ※1
傷害慰謝料	2,970,000円		2,700,000円
着衣	30,000円		3,000円 ※2
旅行キャンセル	82,030円		82,030円 ※2
後遺障害逸失利益	7,929,277円		4,756,648円 ※3
後遺障害慰謝料	2,900,000円		○
逸失利益②			1,460,098円 ※3
総損害額	20,866,732円		18,685,941円
損益相殺 うち自賠	▲6,817,344円		○
弁護士費用	1,404,938円		
調整金			1,331,403円
請求額（認容額）	15,454,326円		13,200,000円

備考	※1・3 原告は本件事故により、左大腿骨顆部骨折・左腓骨骨頭骨折・左大腿内転筋断裂の傷害を負い、12級13号の後遺障害が残存した。休損について、休業の必要性、相当性について争いがあるが、上記の受傷内容・後遺障害の内容・診療経過・症状の推移によると、就労制限の程度は症状の改善に伴って減少する関係にあるものの、従前の就労実績についての立証状況を考慮し、和解においては、事故前3か月間に支給された給与を前提としつつも、復職までの529日間の全日分を計上することとし、日額12,055円×529日＝6,377,095円とする。 逸失利益の基礎収入については、上記金額を年額に換算した4,400,075円（12,055円×365日）とする。局部の神経症状ではあるが、その原因が左大腿内転筋断裂にあることを考慮し、10年間14％とすることに加え、その後10年間についても7％（将来不測の不確実性を考慮して14％の半分とする）の喪失率を前提に算定する。なお、骨癒合の状態を踏まえると、局部の神経症状で10年を超える喪失期間を算定することに異論もあり得るが、翻って考えると、タクシー運転手をしていた原告にとって上記内容の傷害で症状固定後10年が14％にとどまるかどうかについても検討の余地があり、複数の算定方法を試算した結果、総額として上記額が妥当と判断した。 ※2 着衣は裏付け証拠はないが、和解限りで計上する。旅行キャンセル代は、裏付け証拠はないが、事故前に予約確定、事故後キャンセルのためにキャンセル代が発生したことの立証可能性を考慮し原告主張額を計上する（裏付けがなくともこの額は維持する）。

コメント　神経症状の12級13号認定事案である。いわゆるむち打ちではない神経症状の12級の場合でも、労働能力喪失期間が10年とされる例もままあるが、本事例は、14％を10年、その後7％を10年とする、提示がされた。原告の運転手という職業と原告の膝の症状（可動域制限もある）を実質的に考え、10年で馴化あるいは治癒はしない、との判断がされたと思われる。

2-6　むち打ち以外の14級・12級

㊽固定時65歳タクシー運転手。骨盤骨折、左橈骨遠位端骨折、右肋骨骨折、TFCC損傷、12級6号（左手関節機能障害）。14％10年の事例

事故概要

- 事故日：平成23年10月3日
- 事故態様：自動車 対 自転車
  幹線道路を自転車走行の原告が横断したところ、被告と衝突。
  原告は渡る前に右を見たが40〜50m後方に被告がいたから大丈夫だと思ったと主張。
- 職業等：タクシー運転手
- 年収：340万3,955円
- 症状固定日：平成25年12月17日（65歳）
- 被害態様：
  - 傷病名：骨盤骨折、左橈骨遠位端骨折、右肋骨骨折、右手関節三角筋軟骨複合体損傷
  - 通院状況：入院日数　48日
    通院日数　732日（実40日）
  - 後遺障害等級：12級6号
    左手関節の機能障害

和解内容

■人身

	原告主張	被告主張	裁判所
治療関係費	労災	1,800,440円	1,800,440円
入院雑費	72,000円		72,000円
通院交通費・宿泊費等	10,140円		10,140円
休業損害	983,840円		3,085,290円 ※1
傷害慰謝料	2,500,000円		1,500,000円 ※2
文書料	36,930円		36,930円
後遺障害逸失利益	3,679,947円		3,679,804円 ※3
後遺障害慰謝料	2,900,000円		2,900,000円 ※4
総損害額			
過失相殺	0％	40％	40％
損益相殺	▲871,357円		
うち自賠			
労災療養補償給付		1,800,440円	1,800,440円
労災休業補償給付		2,052,114円	2,052,114円
請求額（認容額）			4,100,000円

備 考	※1 基礎収入は月26万3,700円を認める（事故前3か月平均）。期間は事故から固定までの約2年2か月。もっとも傷害内容、通院状況からすると固定まで全休が必要であったとは認め難い。和解限りで4割5分を相当とした。なお、原告主張の休損額に労災休業補償給付額205万2,144円を加算すると303万5,954円となり、これとほぼ同額になる。263,700円×26か月×0.45＝3,083,955円 ※2 赤い本別表Ⅰ入院48日通院2年1か月（実40日）。 ※3 基礎収入は原告の主張どおり。14％10年とする。 ※4 判タ【310】⇒幹線道路＋10。

コメント 機能障害によって、後遺障害等級12級を取得した事案において逸失利益を14％10年にした和解案である。通常、逸失利益を算定するに当たり、労働能力喪失率及び同期間について、むち打ちによる14級は5％5年、12級は14％10年と考えられている。しかし、本和解では、固定時の年齢が65歳と比較的高齢である。本件においては、平均余命の約半分の期間として10年間を喪失期間としたものと思われる。

2-7　生活費控除

㊾死亡時64歳女性。年金（老齢基礎年金、寡婦年金）と自営による収入（50万円。ただし、収入資料ないまま認めた）についてまとめて生活費控除率30％とされた事例

事故概要

- 事故日：平成23年6月27日
- 職業等：フードコーディネーター・編集者
- 年収：約100万円
- 症状固定日：平成23年7月8日死亡（64歳）
- 被害態様：
  - 傷病名：多発損傷、敗血症性ショック

和解内容

■ 人身

	原告主張	被告主張	裁判所
治療関係費	1,960,460円		1,831,760円
入院雑費	32,997円		32,997円
傷害慰謝料	212,000円		212,000円
葬儀	2,138,620円		1,500,000円
交通費	100,340円		99,120円
逸失利益	6,204,310円／ 21,667,114円（年金）※1		3,102,115円／ 7,164,197円 ※2
後遺障害慰謝料	25,000,000円		18,000,000円
固有の慰謝料	6,000,000円 （妹と母）		2,000,000円
総損害額			3,394,229円
過失相殺		25～35％	10％ ※3
弁護士費用	6,146,418円		
調整金			2,583,753円
請求額（認容額）	67,610,599円		31,300,000円
備考	※1 老齢基礎年金、遺族年金、寡婦年金　2,243,200円ー（1－0.3）×24年（13.7986）。 ※2 仕事については、証明ないが、稼働歴、仕事の依頼者の陳述書を考慮し、年50万円の収入があったと認める。原告の主張は100万円。年金は遺族年金は対象外であるから年額796,700円。生活費控除は30％。平成23年の64歳女性の平均余命は24.54年。ライプニッツ係数は24年引く1年で計算する。13.7986－0.9524＝12.8462。 ※3 判タ【50】行き止まりと左折バック⇒－5、バックブザー⇒＋5、車歩道区別あり⇒＋10、商店街⇒－5。		

■ 物損

	原告主張	被告主張	裁判所
スーツ代	100,000 円		○
総損害額			
請求額（認容額）			

コメント 　死亡事案。64歳女性。多発損傷及び敗血症性ショックによる。年金（老齢基礎年金、寡婦年金）と自営による収入。収入資料ないが、稼働歴、仕事の依頼者の陳述書を考慮した。過失について、トラックがバックしてきて轢かれた事案であり、判タ【50】。行き止まりと左折バックで原告に－5、バックブザーが鳴っていたことから＋5、車歩道の区別があったので＋10、商店街であったので－5、合計10：90。自営による収入について、収入資料はないが、過去の稼働歴と現在主張する仕事内容の整合性や仕事の依頼者の陳述書を考慮して主張金額の半額を基礎収入として認めており、一種の割合的認定をして柔軟な解決を目指したものである。また、本和解案では年金逸失利益も含めて生活費控除率を0.3として逸失利益を算定している。年金や収入が低い場合には、生活費控除率を大きくとられることもあるが、本件程度の収入認定がされる場合には、女性の生活費控除率の原則どおり、0.3とした結論は妥当と思われる。

2-7 生活費控除

㊿年金生活であり、他に収入がないことを考慮し、生活費控除率を50%とした事例

事故概要

- 事故日：平成24年3月12日
- 事故態様：自動二輪車 対 歩行者
- 職業等：年金暮らし、健康問題なし
- 症状固定日：同日死亡（81歳）
- 被害態様：
  - 傷病名：外傷性心臓破裂、外傷性血気胸、環椎骨折、外傷性くも膜下出血、肺挫傷、肋骨骨折、右脛骨骨折等
  - 通院状況：入院日数 1日
  - 後遺障害等級：死亡
  - 既住症：なし

和解内容

■ 人身

	原告主張	被告主張	裁判所
治療関係費	1,335,490 円	○	○
葬儀費用	1,500,000 円	○	○
後遺障害逸失利益	9,471,502 円	4,402,394 円	5,502,993 円 ※1
後遺障害慰謝料	23,000,000 円	18,000,000 円	21,000,000 円 ※2
総損害額			
過失相殺	0	25%	10% ※3
損益相殺 うち自賠	▲1,335,490 円	○	○ ※4
弁護士費用	3,577,150 円	0 円	
請求額（認容額）	37,548,652 円	17,592,923 円	26,500,000 円
備考	※1 基礎収入、喪失期間は争いなし。ただし、喪失期間10年に対するライプニッツ係数は、7.7217とする。年金収入であること、他に収入はないことを考慮し、和解案としては生活費控除率を50%とする。1,425,332円×（1－0.5）×7.7217 ※2 和解案としては、固有の慰謝料を含めて上記金額とする。 ※3 本件事故態様、被告が事故直後の実況見分の際に被告主張に沿う内容を供述していること、現時点での立証の程度等を総合的に勘案し、和解案としては10：90を採用する。 ※4 和解案としては元本充当。			

コメント 歩行者と二輪の事故であり、歩行者の死亡事案である。年金受給の高齢男性の生活費控除率を50%、被害者及び近親者慰謝料計2,100万円とした。また、逸失利益の喪失期間の中間利息控除方法につき、ライプニッツ係数を採用すること及び既払いの治療関係費の充当方法につき、元本より充当することが裁判所より示された。いずれの結論も妥当といえる。

2-7 生活費控除

(51)死亡時86歳。収入が年金のみであることから生活費控除率を60%とした事例

事故概要

■ 事故日：平成24年8月9日
■ 年収：年金
■ 症状固定日：平成24年8月10日死亡（86歳）
■ 被害態様：
- 傷病名：出血性ショック、左大腿骨骨折、骨盤骨折、大動脈損傷、他多発外傷、外傷性くも膜下出血

事故態様

（自動車 対 歩行者）
横断歩道上を青信号で横断中、右折してきた被告車両と衝突。

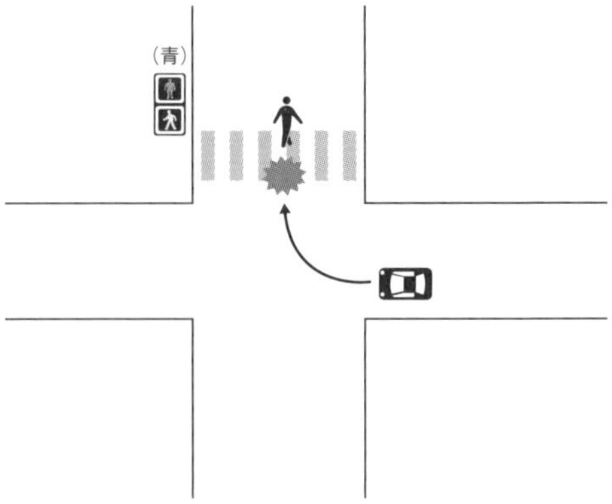

和解内容

■ 人身

	原告主張	被告主張	裁判所
治療関係費	1,251,442円		1,251,442円
入通院付添費	19,500円		6,500円 ※1
入院雑費	3,000円		3,000円
付添人交通費	19,220円		19,220円 ※2
傷害慰謝料	20,000円		20,000円
葬儀費用	1,500,000円		1,500,000円
杖	4,400円		4,400円
後遺障害逸失利益	1,374,588円		1,060,522円 ※3
死亡慰謝料	21,000,000円		24,000,000円 ※4
相続人3人の固有の慰謝料	3,000,000円		0円
総損害額	**28,192,150円**		**27,865,084円**
損益相殺 うち自賠	▲1,070,172円		▲1,070,172円
弁護士費用	904,076円		
調整金			1,705,088円
請求額（認容額）			**28,500,000円**

備　考	※1 和解案として 6,500 円。 ※2 駆けつけ交通費として認める。 ※3 基礎収入に争いはない。年金であることから生活費控除率は 6 割とする。喪失期間は年齢に照らし、7 年とする。 ※4 近親者固有の慰謝料を含めて 2,400 万円とする。

コメント　事故当時、収入が年金のみであった者の死亡逸失利益の算定において、生活費控除率を 6 割とした事例。通常、年金部分についての生活費控除率は高くなる傾向にあるが、その中でも比較的高い割合の生活費控除率を認定している和解案といえる。死亡時の年齢が 86 歳と高齢であったこともその要因の 1 つかもしれない。もっとも、慰謝料が高齢者の基準よりも高く認められていることも考えると、結論としての金額は妥当なものであり、原告としても受け入れやすかったのではないだろうか。

2-7　生活費控除

(52)死亡時 79 歳女性会社員。高齢とはいえ女性であり生活費控除率を 30%とした事例

事故概要

- 事故日：平成 25 年 10 月 11 日
- 職業等：会社員
- 年収：235 万 2,624 円
- 年齢：79 歳
- 被害態様：
  - 傷病名：死亡
  - 通院状況：入院日数　2 日

事故態様

（自動車 対 歩行者）

信号のない交差点の横断歩道を横断中、右折で交差点に入ってきた被告と衝突。

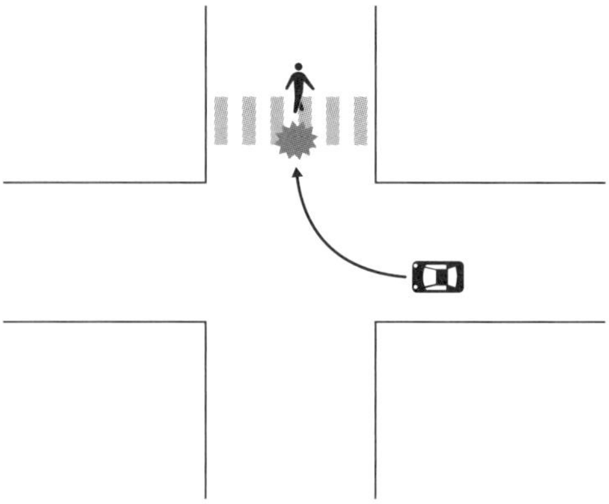

和解内容

■ 人身

	原告主張	被告主張	裁判所
治療関係費	644,120 円		644,120 円
入通院付添費	13,000 円		6,500 円 ※ 1
入院雑費	3,000 円		3,000 円
通院交通費・宿泊費等	2,600 円		2,600 円
損害賠償請求関係費用	2,750 円		2,750 円
傷害慰謝料	45,933 円		× ※ 2
葬儀費用	1,095,512 円		1,065,139 円
渡航費用	857,464 円		285,821 円 ※ 3
後遺障害逸失利益	8,358,850 円		8,358,850 円 ※ 4
死亡慰謝料	26,000,000 円		22,000,000 円 ※ 5
年金逸失利益	3,017,923 円		1,810,754 円 ※ 6
総損害額	**40,041,152 円**		**34,179,534 円**
損益相殺 うち自賠	▲ 644,120 円		▲ 644,120 円
弁護士費用	3,939,703 円		
調整金			1,064,586 円
請求額（認容額）	**43,336,735 円**		**34,600,000 円**
備　考	※ 1 実際に死亡に至らしめるような重篤な状況であるから必要性を認める。日数は実質 1 日。 ※ 2 受傷から 1 日以内の死であり、独立の傷害慰謝料を観念しがたい。		

備 考	※3 1人分を認める（相続人のうち1人が外国に住んでいたが夫・子・自分の3人分を請求した）。 ※4 基礎収入 2,352,624 円。 　喪失率 100％。 　期間 6 年（ライプニッツ係数 5.0757）。 　生活費控除 0.3（高齢とはいえ女性であることを考慮）。 ※5 22,000,000 円の中には相続人固有の慰謝料を含む。 ※6 基礎収入 680,993 円。 　喪失率 100％。 　期間 12 年（ライプニッツ係数 8.8633）。 　生活費控除 0.7　（原告は 0.5 を主張）。

コメント　死亡時会社員であった 79 歳の女性について、生活費控除率を 30％とした事例。高齢の女性とはいえ、会社員で働いており、収入もそれほど高くないことからすると、一般的な女性（家事従事者、独身、幼児等含む）の生活費控除率と同等の 30％を認定することは実態に即した判断といえ、参考になる和解案である。

2-7 生活費控除

(53) 18歳男子の死亡慰謝料につき2,300万円が認められた事例

事故概要

■ 事故日：平成25年6月5日
■ 事故態様：同乗者、被告車両がスピンして道路脇に衝突、即死。
■ 症状固定日：即死（18歳）

和解内容

■ 人身

	原告主張	被告主張	裁判所
葬儀費用	1,623,579円	1,500,000円	1,500,000円
その他	650円		650円
死亡逸失利益	67,365,179円 ※1	34,880,270円 ※2	51,524,616円 ※3
死亡慰謝料	30,000,000円	22,000,000円	23,000,000円
総損害額			
請求額（認容額）	98,989,408円	58,380,270円	79,000,000円
備考	※1 原告：男子学歴計、控除30%（父は他界しており、一家の支柱）。 ※2 被告：月収158,000円、男子学歴別で控除50%（独身）。 ※3 裁判所：男女学歴計4,726,500円（間をとって）、控除40%（母の収入を考慮）。		

コメント　主として逸失利益の基礎収入と死亡慰謝料が争われたケースであるが、被害者が若年者であり、過失相殺もない事件であったことから、ほぼ争点は存在しないといってもよい。基礎収入について原告は男子学歴計を主張したが、裁判所は男女学歴計を採用した。男子であれば男子計が、女子であれば男女計が用いられることも多いが、裁判所としては何でも男女計を用いるのが原則的と考えているのかもしれない。そのように考えても、同年代の賃セよりも大きな収入を得ている場合には男子計を用いる等することはできるので確かに不都合もない。なお、慰謝料については相場的な額より若干の増額認定がされている。この点について原告は家族構成等から一家の支柱という構成をとっていたが、裁判所の理由付けが「被害者の年令、事故態様等諸般の事情を考慮し」となっている点も参考となる。生活費控除率については、男子の原則的0.5ではなく、0.4として計算されている点が興味深い。

2-7 生活費控除

(54)死亡時 65 歳。給与所得あり。生活費控除率は年金部分は 60%、給与部分は 30%とした事例

事故概要

- ■ 事故日：平成 24 年 10 月 9 日
- ■ 職業等：不明
- ■ 年収：86 万 1,084 円（うち 20 万 1,266 円は年金）
- ■ 症状固定日：死亡（65 歳）
- ■ 被害態様：
  - 傷病名：急性硬膜下出血を伴うくも膜下出血
  - 通院状況：入院日数　4 日

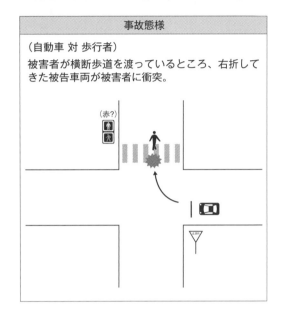

事故態様

（自動車 対 歩行者）

被害者が横断歩道を渡っているところ、右折してきた被告車両が被害者に衝突。

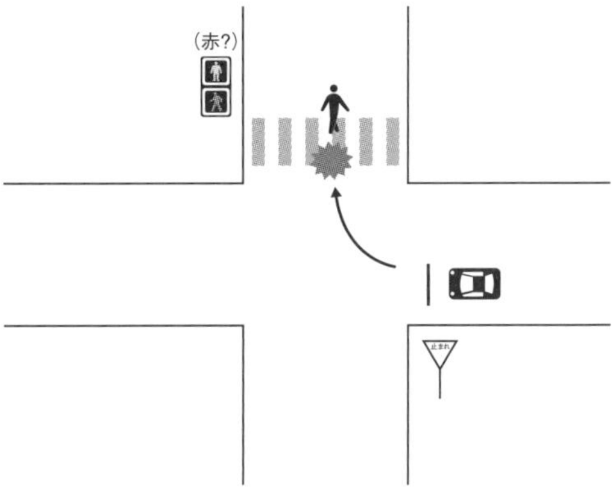

和解内容

■ 人身

	原告主張	被告主張	裁判所
治療関係費	235,030 円	235,030 円	235,030 円
入通院付添費	26,000 円	0 円	12,000 円 ※ 1
入院雑費	6,000 円	4,400 円	6,000 円
休業損害	15,750 円	0 円	15,750 円
傷害慰謝料	70,666 円		70,666 円
死亡逸失利益	13,797,261 円		9,007,305 円 ※ 2
後遺障害慰謝料	22,000,000 円		24,000,000 円 ※ 3
総損害額			
過失相殺	0%	100%	15% ※ 4
損益相殺 うち自賠	▲ 24,630,320 円		▲ 24,630,320 円
相続人固有の損害（2 人分）	6,951,186 円 / 4,094,166 円		0 円
調整金			401,577 円
請求額（認容額）	**12,119,448 円**		**5,200,000 円**

備　考	※1 被害者の状況等を勘案し、和解案としては12,000円とする。 ※2 基礎収入については、和解案として原告らの主張額とする。 　　生活費控除率は年金について6割、給料について3割とする。 　　喪失期間は年金について23年、給料について11年とする。 ※3 原告らの固有分を含め2,400万円とする。 ※4 被害者は赤信号で横断している可能性が高いこと、被告に信号機がなく、一時停止規制が存在すること等を勘案し、和解案としての過失割合は30：70とする。これに被害者が高齢者であること、被告の一時停止の履行や右折態様にやや問題もみられることを考慮して15：85とする。 ※物損を含めて計上している。

コメント　死亡時65歳、給与所得がある者の死亡逸失利益について、年金部分につき6割、給与部分について3割の生活費控除を認定した和解案である。年金部分と給与部分についてそれぞれ生活費控除率を明確に分離して認定しており、参考になる。

2-7 生活費控除

(55)死亡時 77 歳家事従事者。賃セ（70 歳以上女性）の 70%を基礎収入として、生活費控除を 30%とした事例

事故概要

■ 事故日：平成 25 年 11 月 8 日
■ 職業等：家事従事者
■ 症状固定日：平成 25 年 11 月 12 日死亡（77 歳）
■ 被害態様：
- 通院状況：入院日数　5 日

■ その他：原告は子、子ども 1 人と夫の相続分についても単独取得する旨の遺産分割協議あり。

事故態様

（自動車 対 自転車）
青信号で自転車通路を横断しようとしたところ、左折する被告車両にひかれた。

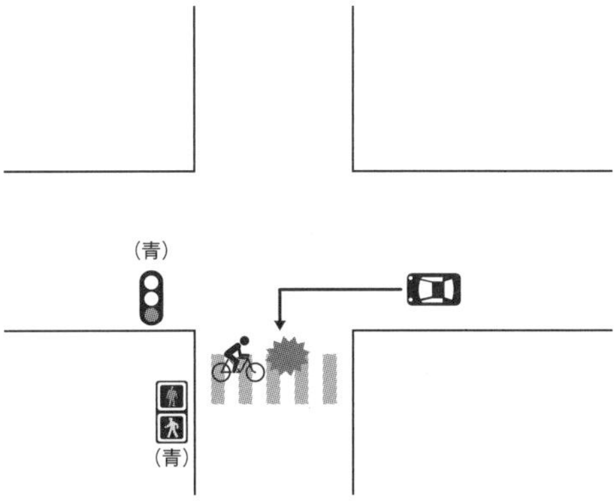

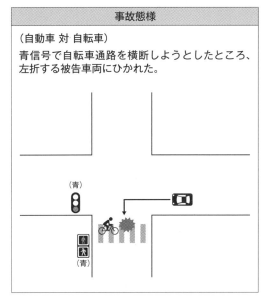

和解内容

■ 人身

	原告主張	被告主張	裁判所
治療関係費	156,250 円		156,250 円
入通院付添費	32,500 円		32,500 円
入院雑費	7,500 円		7,500 円
付添人交通費	125,820 円		125,820 円
葬儀関係費	3,209,358 円	1,500,000 円	1,500,000 円
死亡逸失利益	12,645,091 円		7,351,846 円 ※ 1
死亡慰謝料	24,000,000 円	20,000,000 円	22,000,000 円 ※ 2
総損害額	**40,176,519 円**		**31,173,916 円**
過失相殺	0%		0%
損益相殺 うち自賠	▲ 156,250 円		▲ 156,250 円
弁護士費用	4,000,000 円		
調整金			985,484 円
請求額（認容額）	**44,020,269 円**		**32,000,000 円**
備　考	※ 1 生活費控除 30% ※ 2 年齢（77 歳）、家族構成、生活状況等を考慮し、上記金額を認める。 賃セ女子 70 歳以上 295 万 6,000 円の 70%を基礎収入、就労可能年数 6 年。		

コメント 高齢の夫婦の家事従事者女性の死亡事案において、夫が定年がない仕事についていることを前提に年齢別女性学歴計を用いて基礎収入を算定した事案。被告は、夫も相当の高齢であり仕事をしていないか、少なかったはずであるから、家事を分担していたはずであり、賃セによる女性平均賃金とするのは過大であると主張した。裁判所は、夫が個人タクシーを経営しており、稼働していたこと等を考慮して、年齢別女性学歴計を用いて基礎収入を算定した。この理由付けからすると、高齢で年金暮らしなどの夫婦の場合には、一方が死亡した場合にも家事の負担割合を理由に基礎収入が減額される可能性があることになる。

2-8 休業期間

(56)出来高制のシステムエンジニアの基礎収入について、月 50 万円を主張するも、確定申告に照らせば年収 200 万円を基礎収入とするべきと判断した事例

事故概要

- 事故日：平成 22 年 3 月 9 日
- 職業等：システムエンジニア（出来高制）
- 年収：50 万円 / 月主張
  （ただし確定申告売上げ 210 万円、所得 97 万円強）
- 症状固定日：平成 24 年 4 月 2 日（41 歳）
- 被害態様：
  - 傷病名：左足腓骨骨折
  - 通院状況：入院日数　44 日
    通院日数　14 日
  - 後遺障害等級：12 級 7 号
- その他：任意保険なし

事故態様

（自動車 対 歩行者）
青信号を横断中の歩行者と青信号を右折した自動車が接触。

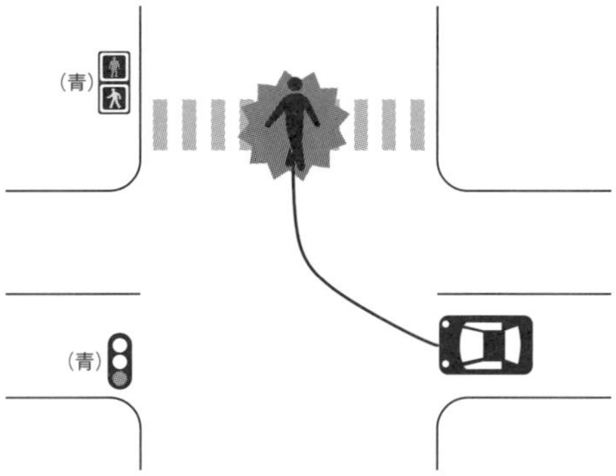

和解内容

■ 人身

	原告主張	被告主張	裁判所
治療関係費	1,488,152 円	△	○
通院交通費・宿泊費等	23,890 円	△	○
休業損害	1,820,000 円	×	○ ※ 1
傷害慰謝料	1,570,000 円	× 1,090,000 円	1,500,000 円 ※ 2
後遺障害逸失利益	9,600,000 円	×	4,025,056 円 ※ 3
後遺障害慰謝料	2,900,000 円		○
総損害額	**17,402,042 円**		**11,757,098 円**
損益相殺 うち自賠	▲ 4,079,481 円 ▲ 2,240,000 円		同左
請求額（認容額）			**7,677,617 円 ※ 4**
備　考	※ 1 認定困難だが、被告は提訴前 182 万円で了解していたし、2 年の休損として不当に高額でもない。 ※ 2 傷害内容からして通院より安静、3.5 倍しない。 ※ 3 売上主張と通常ほぼ一致も確定申告と異なる認定は容易にできず 200 万円基礎。14%、67 歳まで。 ※ 4 被告の資力を考慮し、現実的和解のための参考なので調整金は加算しない。		

コメント 休業損害につき、証拠上は認定困難としながら、被告付保険会社が提訴前には了解していた金額であることや、2年間の休業損害として不当に高額ともいえないとして原告主張額を認めたが、証拠不十分という前提からすると長期間の休業損害が認められた印象を受ける。また、約2年の通院であるにもかかわらず傷害内容からいって通院より安静が優先されるとして、慰謝料算定の基礎となる通院を通院実日数でなく期間で考えている点も特徴的である。被告が無資力であったことなどがどのように影響しているか不明な部分はあるものの、被害者側に比較的有利な認定がされている点で注目できる。

2-8 休業期間

(57)休業損害につき、期間については原告の主張する期間（465 日間）を認めたが、事故前収入を基礎に 20% の割合に限り休業損害を認めた事例

事故概要

■ 事故日：平成 23 年 7 月 19 日
■ 事故態様：自動車 対 自動車
■ 職業等：トリマー
■ 年収：266 万 1,000 円（平成 22 年）
平成 23 年 5 月から 11 月までトリマースクール
365 万円（平成 24 年）
382 万 9,000 円（平成 25 年）
■ 症状固定日：平成 25 年 1 月 18 日（27 歳）
■ 被害態様：
- 傷病名：腰、臀部痛、仙骨部痛、胸腰椎部の運動障害
- 通院状況：通院日数　実 306 日（病院は 16 日のみ）
- 後遺障害等級：14 級 9 号
- 既往症：なし

和解内容

■ 人身

	原告主張	被告主張	裁判所
治療関係費	237,270 円		1,580,149 円 ※ 1,2
通院交通費・宿泊費等	232,340 円		96,660 円 ※ 1,3
休業損害	4,167,000 円		677,970 円 ※ 6
傷害慰謝料	2,000,000 円		1,220,000 円 ※ 4
将来治療費・通院費	59,130 円		0 円 ※ 5
後遺障害逸失利益	2,283,004 円		576,039 円
後遺障害慰謝料	1,100,000 円		○
総損害額	**10,078,744 円**		
過失相殺	20%	40%	20% ※ 7
損益相殺 うち自賠		▲ 158,369 円	▲ 1,583,469 円
調整金			282,815 円
請求額（認容額）	**8,062,995 円**		**2,900,000 円**

| 備考 | ※1 証拠上原告の症状は、平成24年10月25日に可動域制限について全快と評価された以降は、クリニックでの診療も含め、リハビリと症状の緩和が中心で、有効な治療がされていたとは認め難い。また、クリニックは、本件事故当初から診療していたものではないため、そこでの症状固定日の診断は直ちには採用し難い。さらに、医師の診察を受けることなく長期間にわたって接骨院のみの治療が続いているため、接骨院のみに通院していた期間について、本件事故との相当因果関係には疑問の余地もあるが、被告の主張も考慮し、本和解では平成24年10月25日までを相当な治療期間と認める。
※2 相当な治療期間については※1のとおりである。また、●●カイロプラクティックセンターについては、施術費用、施術内容の立証がなく、整形外科医と別に通院する医学的な必要性、相当性も認定できない（証拠・カイロの意見書に証拠価値を見いだすことも困難である。）。その余の治療費についても、特に接骨院については、医師の診察を受けることなく極めて頻回な受診を行っている点について、現在の証拠関係から、本件事故との相当因果関係を肯定することには問題がある。もっとも、接骨院も含めて治療費が被告から既払いになっていることを考慮し、和解に限り、既払い治療費である155万2,334円と装具費2万7,815円を治療費として認める。
※3 交通費については、和解に限り、病院の660円のほか、接骨院の通院について、その必要性、相当性の立証の程度及び被告による治療費が既払いになっている範囲を考慮し、1回当たり800円とし、既払いとなっている通院回数の約6割に相当する120回分（96,000円）を認める。
※4 平成24年10月25日までの約15か月半を相当な治療期間と認め、赤い本別表Ⅱを参照し上記金額とする。
※5 症状固定後の治療行為は、痛みの一時的緩和のために行われていると認められ、治療行為と認めることはできない（療養期間は終了しているといえる）から、本件事故と相当因果関係のある損害とはいえない。
※6 受傷の部位、程度、治療経過、通院態様、就労に関する諸事情（卒業後の収入を前提にした休損の立証の程度、及び難易度等）を考慮し、事故前年の収入である266万1,000円（日額7,200円）を基礎収入とし、後遺障害14級が認定されていること、長期間の接骨院の通院期間中は医師による診察を受けていないこと、その期間が約1年にも及んでいることを考慮し、事故日から平成24年10月25日までの465日間につき、就労制限の程度を約2割として和解限り休損を認める。
※7 判タ【107】による。原告車の速度違反を認めるに足りる証拠はなく、基本割合を採用する。 |

コメント 症状固定時期につき、可動域制限の数値上の全快が認められた時点で症状固定とし、その約3か月後を症状固定日とする原告の主張を認めなかった。約1年半の比較的長期の通院であったことも、治療期間が制限された理由の1つといい得る。また、カイロプラクティック治療費につき、必要性、相当性を認めず、接骨院治療費につき、相当因果関係を問題としたが、既払いである点を考慮し、和解案としては損害として認めた。それに伴い、交通費についても、既払いであることを考慮しその一部を損害として認めた。既払いであることが、和解においては、考慮要素となり得る。原告主張の休業損害も、原告主張の治療期間を前提にしたものであるので、裁判所はこれを限定的に認めた。期間としては比較的長期間の休業損害が認められたといい得る。

2-8　休業期間

(58)高次脳機能障害９級１０号。傷害の内容を考慮し、事故後 387 日については全額、その翌日から症状固定までは 70% の休業損害を認めた事例

事故概要

■ 事故日：平成 22 年 8 月 9 日
■ 事故態様：自動車 対 歩行者
■ 職業等：建設会社勤務
■ 年収：平成 20 年は 290 万円（高卒）
■ 症状固定日：平成 24 年 8 月 7 日（26 歳）
■ 被害態様：
- 傷病名：高次脳（外傷性くも膜下、脳挫傷、頭蓋骨骨折）
- 通院状況：入院日数　19 日
通院日数　実 22 日
- 後遺障害等級：9 級 10 号
- 既住症：なし

和解内容

■ 人身

	原告主張	被告主張	裁判所
治療関係費	475,560 円		○
入通院付添費	123,500 円		
入院雑費	28,500 円		65,000 円 ※ 1
通院交通費・宿泊費等	112,160 円		○
付添人交通費	123,710 円		○ ※ 2
休業損害	5,362,823 円		4,580,965 円 ※ 3
傷害慰謝料	6,900,000 円		○
後遺障害逸失利益	31,658,610 円		28,451,101 円 ※ 4
後遺障害慰謝料	2,149,667 円		1,200,000 円 ※ 4
総損害額			
過失相殺	20%	70%	30% ※ 5
請求額（認容額）			**21,500,000 円**
備　考	※ 1 1 日当たり 6,500 円× 10 日 ※ 2 和解に限り主張どおり。 ※ 3 基礎収入は 657,499 円÷ 90 日 =7,305 円 / 日。傷害の内容に照らし、23.8.30 までの 387 日は全額。翌日から固定までは 70%。 ※ 4 年齢、平成 20 年の収入が 290 万円 / 年からすれば、平均賃金以上の賃金を得る蓋然性は認められる。しかし、原告は高卒なので、470 万 300 円。喪失率は 35%、期間は 41 年。 ※ 5 判タ【37】参照。基本過失割合は 20：80。原告は飲酒による影響で車道に出たと認められるから直前直後横断として、+10 修正。		

コメント いわゆる若年者（26歳）の基礎収入が問題となった事案である。26歳時点で290万円であることから、高卒の平均年収である470万円余りを認めた。年齢別で考えても、26歳で290万円であれば、給与水準及びその後の賃金上昇も十分考えられるので、妥当な和解案であるといえる。注目すべきは、症状固定までの2年間のうち、1年以上について100％の休業損害が認められ、その後も70％の休業損害が認められている点である。原告としては応じやすい和解案だったのではないだろうか。

2-8 休業期間

(59)後遺障害等級非該当の被害者が病院への通院 1 回、その後は整骨院への通院であったが、整骨院への通院後の休業損害は実通院日数の 30% で計算した事例

事故概要

■ 事故日：平成 25 年 12 月 26 日
■ 事故態様：自動車 対 自動車
　追突
■ 職業等：溶接工
■ 年収：事故前 3 か月平均
　119 万 9,500 円÷ 3 × 12
■ 症状固定日：平成 26 年 4 月 6 日（50 歳）
■ 被害態様：
- 傷病名：頸椎捻挫・腰椎捻挫
- 通院状況：通院日数　実 64 日

和解内容

■ 人身

	反訴原告主張	反訴被告主張	裁判所
治療関係費	593,870 円	593,870 円	593,870 円
通院交通費・宿泊費等	5,622 円	5,622 円	5,622 円
休業損害（3/12 まで）	982,924 円		323,204 円 ※ 1
休業損害（3/12 以降）	283,233 円		
傷害慰謝料	580,600 円	294,222 円	500,000 円 ※ 2
総損害額			
損益相殺 うち自賠	▲ 593,870 円	▲ 593,870 円	▲ 593,870 円
調整金			21,174 円
請求額（認容額）	**2,312,379 円**	**328,253 円**	**1,100,000 円**
備　考	物損含む。 ※ 1 収入は和解に限り、乙 1 により稼働日 1 日当たり 1 万 6,660 円（四捨五入）とする。相当な休業期間は病院に 1 日しか行っていないことを考慮し、1 月 15 日まで（稼働日 2 日）全日。 16,600 円× 2 ＝ 33,320 円 その後は施術日かつ稼働日の 58 日の 30%。 16,600 円× 0.3 × 58 日＝ 289,884 円 ※ 2 傷害の内容、通院期間、通院日数、病院には 1 日しか行っていないことなどを総合し、50 万円とする。		

■ 物損

	反訴原告主張	反訴被告主張	裁判所
時価額	460,000 円	153,000 円	250,000 円 ※3
レッカー代	76,965 円	76,965 円	76,965 円 ※4
代車費用	211,470 円	86,879 円	86,879 円
総損害額			
損益相殺	▲288,435 円	▲288,435 円	▲288,435 円 ※5
請求額（認容額）			
備　考	※3 25 万円は買替費用込（和解限り）。 ※4 本訴提起時に被告らが認めていた額とする。 ※5 既払いの 288,435 円は反訴原告主張のレッカー代＋代車費用。 以上によれば、代車費用のうち、12 万 4,590 円を反訴原告は不当利得していることになる。 したがって、反訴原告は本訴原告であった保険会社に対し、不当利得返還債務として 12 万 4,590 円を支払う義務がある。		

コメント　固定時50歳溶接工で、症状固定までの病院への通院は1回しかなく、その後は整骨院への通院を行っていた者が後遺障害非該当であった事案について、整骨院への通院後の休損は実通院日数×30%で計算している。もっとも傷害慰謝料については、整骨院への通院期間も含めて、計算を行っていると考えられる。整骨院への通院に対し、一定の理解を示しているといえる和解であろう。

2-8 休業期間

⑥⓪ タクシー運転手で後遺障害等級非該当の原告主張の60％を休業損害として認めた事例

事故概要

- 事故日：平成22年8月31日
- 職業等：タクシー運転手
- 症状固定日：平成22年12月2日
- 被害態様：
  - 傷病名：首むち打ち
  - 通院状況：入院日数　17日
    （平成22年9月1日～9月17日）
    通院日数　実10日
    （平成22年9月18日～12月2日）
  - 後遺障害等級：非該当

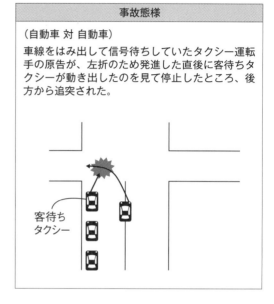

事故態様

（自動車 対 自動車）

車線をはみ出して信号待ちしていたタクシー運転手の原告が、左折のため発進した直後に客待ちタクシーが動き出したのを見て停止したところ、後方から追突された。

和解内容

■ 人身

	原告主張	被告主張	裁判所
治療関係費	669,885円	×	○
通院交通費・宿泊費等	3,400円	×	○
休業損害	2,222,674円 ※1	×	1,333,604円 ※2
傷害慰謝料	625,310円	×	○
総損害額			
過失相殺		非常に大きい	15% ※3
損益相殺 うち自賠	▲917,740円	○	○
調整金			150,689円
請求額（認容額）			1,500,000円
備考	※1 958,581円÷91日×211日（平成23年3月29日まで）。 ※2 6割。 ※3 追突だが原告の走行位置からの停止左折の予測可能性を考慮。		

コメント 比較的長期にわたり休業損害が認められている。また、追突ではあるものの、信号待ちの所から左折することの予測可能性が低いことを理由に15％の過失相殺がされた点が参考になる。ドライブレコーダーがあり、裁判所としても素直な心証を形成できたのではないだろうか。

2-8 休業期間

(61)固定時49歳給与所得者。腰14級9号。休損証明書の内容が課税証明書より過大であることを理由に休損証明書記載の金額全額の休損を否定し、過去の収入から認めた基礎収入を前提に休損証明書記載の全額の4割を認めた事例

事故概要

■ 事故日：平成24年8月16日

■ 事故態様：自動車 対 自動二輪車

東名高速道路上り線渋滞中、原告徐行中。

渋滞の間を縫って走行してきた被告の二輪車が原告の自動車に衝突。

■ 職業等：会社員

■ 年収：263万7,530円

■ 症状固定日：平成25年3月6日（49歳）

■ 被害態様：

- 傷病名：脳しんとう、頸椎捻挫、腰椎椎間板ヘルニア、腰椎捻挫
- 通院状況：通院日数　実149日
- 後遺障害等級：腰14級9号

和解内容

■ 人身

	原告主張	被告主張	裁判所
治療関係費	1,266,595円		1,266,595円 ※1
通院交通費・宿泊費等	6,411円		6,411円
休業損害	950,000円		390,204円 ※2
傷害慰謝料	1,224,000円		940,000円
後遺障害逸失利益	570,959円		570,959円 ※3
後遺障害慰謝料	1,100,000円		1,100,000円
総損害額	**5,117,965円**		**4,274,169円**
過失相殺	0		0
損益相殺 うち自賠	▲1,406,158円		▲1,406,158円
弁護士費用	380,000円		0円
調整金			131,989円
請求額（認容額）	**4,091,807円**		**3,000,000円**
備　考	※1 実費につき和解では原告主張額を認める。なお被告は原告受傷自体を否認するが原告車の損傷個所はリアバンパー下部であり、被告車が原告車の下部へもぐりこむように衝突したものと認められるから車両の損傷は小さいが、原告車を動かす力は大きく働いたものと認められる。加えて、事故後直ちに病院を受診し、頭部打撲、頸椎捻挫と診断されていることも併せて考慮すると本和解では本件事故により、原告が受傷したと認める。		

備 考	※2 事故前年度の収入額である263万7,530円（日額7,226円）を基礎収入とする。なお休損証明の収入額は月額30万円、年360万円となるところ、課税証明書状の収入金額を大幅に上回ることから採用できない。休業期間については、原告の傷害の内容、治療経過、後遺症の部位・程度に照らせば、休損証明の全期間（135日）について、本件事故と相当因果関係を肯定することはできない（カルテには「11月から仕事の予定」と記載あり、仕事が全くできない重篤な状況が続いたとは考えにくい）。そこで日額7,226円を上記期間を通じ4割の範囲で認める。 ※3 頸椎捻挫に伴う症状について14級9号に該当すると認められ、後遺障害の内容・程度に基づき5%5年。基礎収入は263万7,530円とする。

コメント 休業損害証明書の内容が課税証明書の内容に比して過大であったため、過去の収入状況から基礎収入を算定し、それを前提に休業損害における基礎収入を算定している。通常、休業損害については休業損害証明書のみで判断されがちであるが、課税証明書と比して過大であるという点に着目した点が実質に即したものといえる。期間としては傷病内容に比して長めに認められたが、4割に限定することで金額としては穏当な範囲の認定といえる。

2-8 休業期間

(62)固定時49歳個人事業主。14級9号。期間は症状固定までの約11か月とするが、傷害の内容、程度等に鑑みて全休が必要であったとは認め難いから休業割合は2割とした事例

事故概要

- 事故日：平成23年9月19日
- 職業等：個人事業主
- 年収：22,338,153円
- 症状固定日：平成24年8月30日（49歳）
- 被害態様：
  - 傷病名：頸椎捻挫、右肋軟骨挫傷、腰椎捻挫
  - 通院状況：通院日数　実116日
  - 後遺障害等級：14級9号

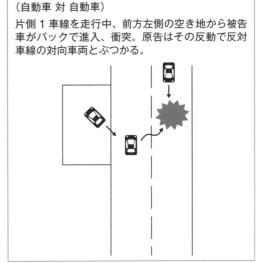

事故態様

（自動車 対 自動車）

片側1車線を走行中、前方左側の空き地から被告車がバックで進入、衝突。原告はその反動で反対車線の対向車両とぶつかる。

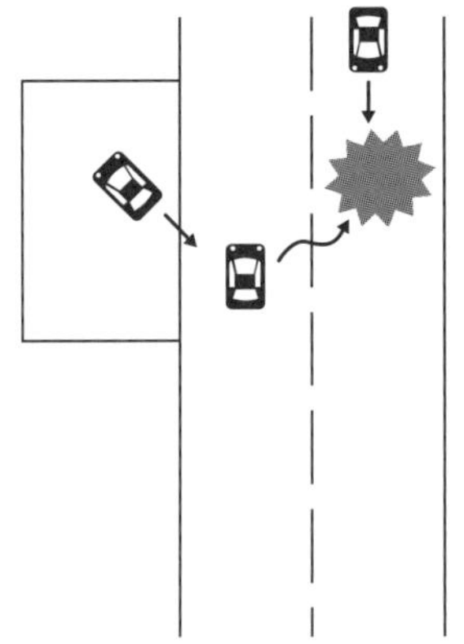

和解内容

■ 人身

	原告主張	被告主張	裁判所
治療関係費	1,310,750円		775,650円 ※1
通院交通費・宿泊費等	141,990円		80,000円 ※2
休業損害	5,428,870円		3,823,994円 ※3
傷害慰謝料	1,151,250円		800,000円
メガネ	74,000円		15,000円
後遺障害逸失利益	1,939,183円		1,939,183円
後遺障害慰謝料	440,000円		440,000円
総損害額			
過失相殺	20%		20% ※4
損益相殺 うち自賠	▲1,950,000円		▲1,950,000円
調整金			25,719円
請求額（認容額）	**10,974,554円**		**8,650,000円**
備　考	※1 整骨院施術費を除く。 ※2 整骨院を除外する趣旨で原告主張の6割 ※3 基礎収入2,085万8,154円。 月収に引き直すと173万8,179円。 期間は固定までの約11か月とするが、被害者の傷害の内容程度等に鑑みて全休が必要であったとは認め難いから、休業割合は2割とする。 1,738,179円×11月×0.2 ※4 判タ【148】。		

■ 物損

	原告主張	被告主張	裁判所
時価額	2,800,000円		2,800,000円
レッカー代	21,525円		21,525円
代車費用	410,625円		85,000円 ※5
総損害額	**3,232,150円**		**2,906,525円**
過失相殺	20%		20%
請求額（認容額）			
備考	※52か月間すべてにおいて代車の必要性は認め難い。原告主張の2割とする。		

コメント 頸椎捻挫・腰椎捻挫・右肋軟骨挫傷というけがを負い、14級が認定された49歳税理士の事案において、症状固定までは11か月の期間を要したが、その間の休業割合は2割であると認定した事例。傷病の内容、後遺障害の程度からすると、妥当な内容ではないだろうか。

(63) 大学生左肩可動域制限12級認定も改善可能性あり、逸失利益を22年14%、その後21年を9%とした事例

事故概要

■ 事故日：平成24年12月6日
■ 職業等：大学生
■ 症状固定日：平成25年7月23日（23歳）
■ 被害態様：
- 傷病名：頭部外傷　左肩鎖関節脱臼
　　　　左中趾基節骨骨折
- 通院状況：入院日数　9日
　　　　　通院日数　実49日
- 後遺障害等級：12級6号（左肩可動域）

■ その他：平成26年4月に信託銀行から内定。
平成27年4月から就労予定であった。

事故態様

（自動車 対 自転車）
一時停止線のある道路から出てきた自転車と、その左方から走行してきた四輪車の交差点での事故。

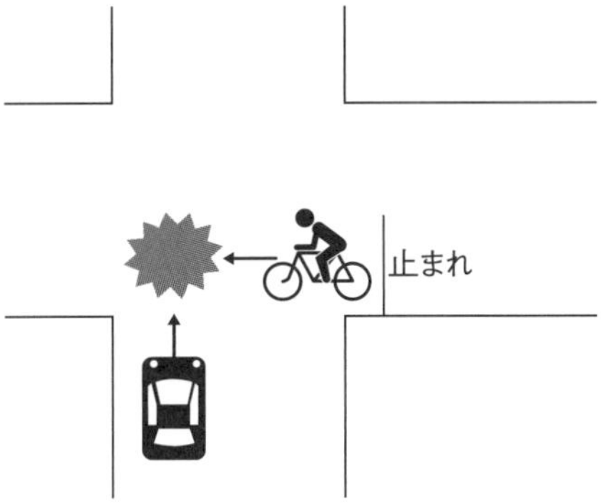

和解内容

■ 人身

	原告主張	被告主張	裁判所
治療関係費	471,960円	○	○
入院雑費	13,500円	○	○
通院交通費・宿泊費等	300,934円	○	○
休業損害	481,263円	○	○
傷害慰謝料	1,350,000円	△	○
教習所費用	188,420円	△	○ ※1
後遺障害逸失利益	14,441,380円 ※3	△	13,153,000円 ※2
後遺障害慰謝料	2,900,000円	△	2,900,000円
総損害額			
過失相殺	40%	60%	55% ※4
損益相殺 うち自賠	▲1,247,737円 +▲11,276,978円 （人傷）		
調整金			
請求額（認容額）	**7,622,742円**		**6,610,000円**
備　考	※1 仮免失効平成25年2月末で再入校。 ※2 22年　14%、21年　9%。 若いので改善可能性ありと後遺障害診断書の記載。		

| 備　考 | ※3 6,481,600 × 0.14 × 15.9147（17.7741 − 1.8594）
平成27年4月から転労予定。
※4 原告車のハンドル左側及び後輪上部制動装置が外れるということは想定し難い。 |

コメント　一時停止線のある道路から出てきた自転車と、その左方から走行してきた自動車の交差点での事故であり、基本過失割合は原告40対被告60である。これに対し、被告は、原告車両の後輪にブレーキ装置が設置されていないこと、原告がiPod操作をしながら運転していたことを主張した。原告は、後者については単純に否定し、前者については本件事故の衝撃により外れてしまった旨を主張した。裁判所は、本件事故態様においては後輪ブレーキ装置が外れるというのは想定し難いとして、原告の過失を15%不利に修正して、55%とした。ただし、そのように考えても、原告過失部分は人身傷害保険金額の範囲内であったことから、結論に差異はないケースである。また、逸失利益につき、後遺障害診断書に改善可能性ありと記載されていたことから、喪失率が逓減されている点は、後遺障害の内容が機能制限であることからすると、妥当ではないように思われる。

2-9 喪失期間

㉔左中指PIP関節脱臼、左膝挫創、下あご骨骨折、左側頭骨骨折。14級。事故当時学生であり、現実の収入減少を認められず、休業損害は認められないとされた事例

事故概要

- 事故日：平成23年8月6日
- 事故態様：自動車 対 自動二輪車
- 職業等：学生
- 年収：アルバイト（4万7,014円／月）
- 症状固定日：平成24年9月3日（17歳）
- 被害態様：
  - 傷病名：左中指PIP関節脱臼、左膝挫創、下あご骨骨折、左側頭骨骨折
  - 通院状況：入院日数　34日
  　　　　　　通院日数　実1日
  - 後遺障害等級：14級9号

和解内容

■ 人身

	原告主張	被告主張	裁判所
治療関係費	2,192,980円		2,192,980円
入院雑費	119,040円		51,000円
通院交通費・宿泊費等	245,020円		245,020円
装具・器具等購入費	101,058円		101,058円
休業損害	235,070円		0円 ※1
傷害慰謝料	2,000,000円		1,850,000円
補習塾	163,905円		163,905円
診断書	18,900円		18,900円
後遺障害逸失利益	8,182,005円		1,146,624円 ※2
後遺障害慰謝料	1,500,000円		1,100,000円
総損害額	15,147,978円		7,129,487円
過失相殺	15%		15% ※3
損益相殺	▲3,432,316円		▲4,182,316円
うち自賠			
弁護士費用	1,000,000円		
調整金			322,253円 ※4
請求額（認容額）	10,443,465円		2,200,000円
備　考	※1 原告は本件事故当時学生であり、かつ現実の得べかりし収入があったことを認めるに足りる証拠もないことから、休損は認められない。		

備　考	※2 症状固定時17歳であり、若年であることを考慮し、和解に限り基礎収入は平成24年賃セ男子学歴計529万6,800円とする。就労に影響し得る自覚症状は顔面ないし、顎部の神経症状、左下肢の神経症状及び左中環指関節屈曲制限であり、いずれも局部の神経症状が中心であること、屈曲制限の程度は軽度と判断されていること、自賠責の後遺障害認定手続では下顎の症状について14級9号の認定を受けているがその他の自覚症状については後遺障害に該当しないと判断されていることも考えれば労働能力喪失率は14級相当の5％と認めるのが相当であり、喪失期間は5年の限度で認めるのが相当。 ※3 判タ【175】を参照する。原告は原告車の速度については時速40キロメートルから50キロメートルと供述しており、他に原告車が時速15キロメートル以上の速度超過をしたと認めるに足りる証拠はない。また本件交差点の形状、衝突地点、被告車の速度、衝突部位を考慮すれば、本件事故は右折を開始した被告車と直進車である原告車の出会い頭事故というべきであり、既右折車に直進車が衝突したものと認めることはできない。以上より本件事故の過失割合は基本過失割合どおり、15：85である。 ※4 被告側保険会社による損害元本に充当するのが相当である。なお自賠責保険金についても元本に充当しているが、事故から自賠責保険金の支払日まで2年以上経過していることを考慮して調整金を定めた。

■ 物損

	原告主張	被告主張	裁判所
総損害額	390,000円		260,000円
請求額（認容額）			
備　考	※原告車の車両時価額は22万円と認める。その他身の回りの損害については裏付けがなく、立証が困難な面はあるが、和解に限り主張額の4割の限度で認める。		

コメント　症状固定時17歳でアルバイトをしていた学生について、事故当時の現実の収入減を認めず、休業損害を否定した事案である。学生の休業損害について、原則に基づいて、否定した和解案である。逸失利益については、下あごの骨折において労働能力が喪失する事実を認め、かつ働き始めてから5年間分についてを労働能力喪失期間として認定している。休業損害の認定は厳格であったが、逸失利益の認定においては比較的寛大な認定といえ、両者のバランスをとった和解案といえる。後遺障害が神経症状の場合には、むち打ち以外の場合であっても、喪失期間が14級であれば5年、12級であれば10年程度に制限されることが多いのではないだろうか。

2-9　喪失期間

(65)固定時36歳教師。頸椎捻挫14級9号。逸失利益について5％5年を認めた事例

事故概要

■ 事故日：平成20年11月24日
■ 事故態様：自動車 対 自動車
　　　　　　赤信号停車中追突。
■ 職業等：教師
■ 年収：419万8,511円
■ 症状固定日：平成21年7月20日（36歳）
■ 被害態様：
- 傷病名：頸椎捻挫
- 通院状況：通院日数　238日（実160日）
- 後遺障害等級：14級9号

和解内容

■ 人身

	原告主張	被告主張	裁判所
通院交通費・宿泊費等	54,370円	○	54,370円 ※1
休業損害	147,000円 (35日欠勤)	53,300円	102,500円 ※2
傷害慰謝料	1,476,000円	813,333円	1,050,000円
後遺障害逸失利益	1,470,000円	0円	908,872円 ※3
後遺障害慰謝料	1,500,000円	1,100,000円	1,100,000円
将来リハビリ費用	631,656円	0円	0円
総損害額	**5,279,026円**	**1,966,633円**	**3,215,742円**
損益相殺 うち自賠	▲750,000円		
弁護士費用	452,903円	0円	0円
調整金			384,258円
請求額（認容額）			
備　考	※1 初日タクシーその他バス。 ※2 1日4,100円×25日。 ※3 419,851円×5％、5年。		

コメント 36歳教師が自動車乗車中、赤信号で停止していたところを自動車に追突された事案。頸椎捻挫の傷病名で、事故から約16か月後に症状固定。後遺障害等級14級9号が認定された。原告は逸失利益の主張において労働能力喪失期間を8年で主張したが、裁判所は5年を認めた。休業損害については、35日間の欠勤があるが、裁判所は25日分を事故と因果関係がある損害と認めた。原告は14級9号における交通事故実務上一般的な労働能力喪失期間である5年よりも長い8年の主張をしたが、裁判所は特に理由も付することなく5年の労働能力喪失期間を認めており、「14級9号＝労働能力喪失期間5年」という図式が固まっていることがうかがえる。

2-9　喪失期間

(66)固定時49歳システム会社の技師。左脛骨高原骨折、左膝外側半月板断裂、外傷性膝変形性関節症。12級13号。労働能力喪失期間について原告18年の主張に対して10年を認めた事例

事故概要

■ 事故日：平成22年4月12日
■ 事故態様：自動車 対 歩行者
■ 職業等：システム会社の主任技師
■ 年収：事故前年度1,036万3,220円
■ 症状固定日：平成23年10月8日（49歳）
■ 被害態様：
- 傷病名：全身打撲、左脛骨高原骨折、左膝外側半月板断裂、外傷性膝変形性関節症
- 通院状況：入院日数　8日
  　　　　　通院日数　実48日
- 後遺障害等級：12級13号

和解内容

■ 人身

	原告主張	被告主張	裁判所
治療関係費	3,135,180円	○	○
入院雑費	12,000円	○	○
通院交通費・宿泊費等	209,370円	○	○
休業損害	880,264円	○	○
傷害慰謝料	2,450,000円	×　1,530,000円	1,580,000円
通勤費	5,171,772円	○	
後遺障害逸失利益	16,959,865円 ※1	×　0円	7,201,950円 ※2
後遺障害慰謝料	3,000,000円	×　0円	2,900,000円
総損害額	**31,818,451円**	**10,938,586円**	**21,090,536円**
損益相殺 うち自賠	▲8,516,322円	▲8,516,322円	▲8,516,322円
弁護士費用	2,400,000円		
調整金			1,425,786円
請求額（認容額）	**25,702,129円**	**2,422,264円**	**14,000,000円**
備　考	※1 18年。 ※2 10年。		

コメント 49歳システム会社の主任技師。四輪自動車に轢かれ、全身打撲、左脛骨高原骨折、左膝外側半月板断裂、外傷性膝変形性関節症の傷病名で、後遺障害等級12級13号認定。原告は逸失利益を18年で主張したが、裁判所は10年の限りで認めた。12級13号の労働能力喪失期間について、一般的に10年と考える実務が定着しているように思われるが、頸椎捻挫で12級13号が認定された場合と、本件のように明らかな外傷に基づいて12級13号が認定された場合で、同じ労働能力喪失期間と考えるのは違和感が残るように思われる。

2-9　喪失期間

(67)頸椎捻挫 14 級 9 号。原告は喪失期間 18 年で主張したが、他覚的所見のない頸椎捻挫であることを理由に 5 年とした事例

事故概要

■ 事故日：平成 24 年 8 月 2 日
■ 事故態様：自動車 対 自動車
　　　　　　渋滞中の追突（争いなし）。
■ 年収：682 万 5,996 円
■ 症状固定日：平成 25 年 3 月 30 日（49 歳）
■ 被害態様：
- 傷病名：頸椎捻挫
- 通院状況：通院日数　実 123 日
- 後遺障害等級：14 級 9 号

和解内容

■ 人身

	原告主張	被告主張	裁判所
治療関係費	1,160,150 円		1,160,150 円
文書料	8,400 円		8,400 円
休業損害	699,616 円		699,616 円
傷害慰謝料	1,322,333 円		1,030,000 円 ※ 1
後遺障害逸失利益	3,989,795 円		1,477,657 円 ※ 2
後遺障害慰謝料	1,100,000 円		1,100,000 円
総損害額			
損益相殺 うち自賠	▲ 2,369,523 円		▲ 2,369,523 円
弁護士費用	634,808 円		
調整金			193,700 円
請求額（認容額）	**6,982,890 円**		**3,300,000 円**
備　考	※ 1 赤い本別表Ⅱによった。 ※ 2 他覚的所見のない頸椎捻挫であり、喪失期間は 5 年とする。 ⇒原告の主張は 18 年。		

コメント　他覚的所見のない頸椎捻挫について、原告の具体的職業等を考慮することなく、他覚的所見がないことを理由に労働能力喪失期間について５年に限定したものである。和解限りという事情もあるだろうが、他覚的所見のない 14 級９号の頸椎捻挫については労働能力喪失期間が５年で固定されていることが確認される。

2-9 喪失期間

⑱ 固定時52歳飲食店経営。鎖骨変形12級5号。後遺障害認定は変形だが、痛みもあるので14級10年を認めた事例

事故概要

- 事故日：平成23年4月19日
- 事故態様：自動二輪車 対 自転車。
  赤信号無視で交差点に進入した自転車を避けようとして、自動二輪車が転倒。
- 職業等：飲食店経営
- 年収：666万5,800円主張
- 症状固定日：平成24年3月7日（52歳）
- 被害態様：
  - 傷病名：鎖骨骨折
  - 後遺障害等級：12級5号鎖骨変形

和解内容

■ 人身

	原告主張	被告主張	裁判所
治療関係費	105,856円	○	105,856円
通院交通費・宿泊費等	22,890円	○	22,890円
休業損害	3,789,462円	1,258,355円	1,258,355円 ※1
傷害慰謝料	1,480,000円	562,000円	900,000円 ※2
後遺障害逸失利益	9,686,461円	0円	2,810,698円 ※3
後遺障害慰謝料	2,900,000円		2,900,000円
総損害額			
過失相殺	0%	35%	20%
請求額（認容額）	18,135,740円 （物損含む）		6,519,096円 （物損含む）
備考	※1 申告外所得があったと主張するのは信義則に反する。修正申告しない限り、被告主張額どおり認めるのが相当である。 ※2 赤い本別表Ⅰ使用。 期間10.5か月、実19日。 ※3 基礎収入は被告主張（日額7,125円、年収260万円）。 変形だが左肩痛もあるので、14%の労働能力喪失率、期間は10年。 ※4 判タ【236】。			

■ 物損

	原告主張	被告主張	裁判所
総損害額	151,071 円	0 円	151,071 円
請求額（認容額）			

コメント 鎖骨の変形について、12級が認定された事案において、労働能力喪失率14％、同期間10年を認定した事例。通常、変形障害においては、労働能力喪失率を否定される、あるいは限定的に解釈されることが少なくないが、本件においては12級の変形障害の認定の中に痛みも含まれているとして、痛みの12級として相当な14％・10年が認定されている。むち打ち以外の12級においてもやはり、痛みという点においてはむち打ちと同様に労働能力喪失期間が10年に限定されているという点にも注目すべきであろう。

3. 慰謝料

[**3-1** 慰謝料増額 　　 **3-2** 死亡慰謝料]

　慰謝料については、いかなるものが慰謝料増額事由として認定されているか、死亡慰謝料が赤い本基準と異なる額となるのはいかなる場合か、という目的を持って調査した。

　結論としては、いずれもそれほど分量が多くないことから、はっきりとした類型化はできなかったが、おそらくこの点については判決と和解とでそれほど大きな差がないのではないかと感じられた。

3-1　慰謝料増額

(69)固定時 26 歳給与所得者。鎖骨変形 12 級と左頬神経症状 14 級。労働能力喪失は認め難いが、変形による将来不安等に鑑みて慰謝料を 100 万円増額した事例

事故概要

- 事故日：平成 24 年 8 月 12 日
- 職業等：会社員（不動産仲介）
- 年収：30 万円＋歩合 / 月※
- 症状固定日：平成 25 年 3 月 4 日（26 歳）
- 被害態様：
  - 通院状況：入院日数　3 日
    通院日数　実 13 日
  - 後遺障害等級：12 級
- その他：※平成 25 年 1,060 万円、24 年 1,182 万円、23 年 402 万 円、22 年 426 万 円、21 年 418 万円。
  休業損害（得られたはずの歩合 1,916 万 5,000 円）のうち 100 万円請求。
  慰謝料増額事由　営業･笑顔つくりにくい(激痛)
  11/12 から職場復帰。今の職は平成 23 年 1 月 6 日から。なお、親族の会社。

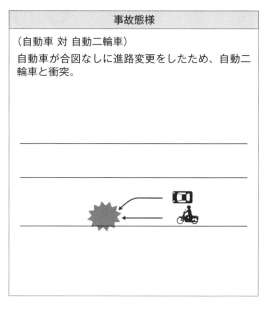

事故態様

（自動車 対 自動二輪車）

自動車が合図なしに進路変更をしたため、自動二輪車と衝突。

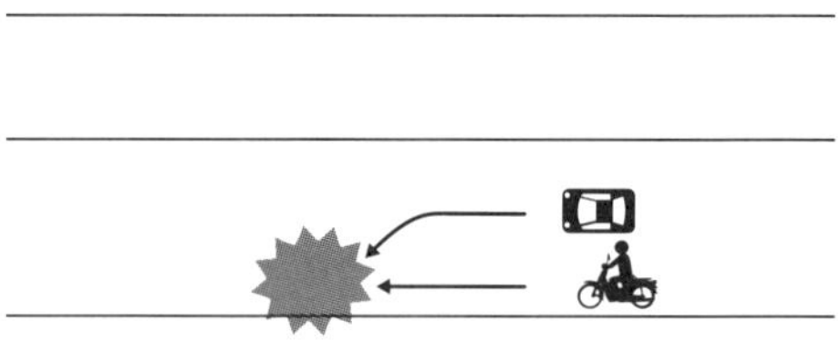

和解内容

■ 人身

	原告主張	被告主張	裁判所
治療関係費	158,710 円	△	
通院交通費・宿泊費等	1,950 円	△	
休業損害	1,000,000 円		300,000 円 ※ 1
傷害慰謝料	1,000,000 円	425,000 円	850,000 円 ※ 2
後遺障害逸失利益	2,000,000 円		1,000,000 円 ※ 3
後遺障害慰謝料	10,000,000 円	2,900,000 円	2,900,000 円
総損害額	**14,451,410 円**	**3,325,000 円**	**5,501,401 円**
過失相殺			20% ※ 4
損益相殺 うち自賠			▲ 130,410 円
弁護士費用	1,430,000 円		
調整金			200,000 円
請求額（認容額）			**4,350,000 円**
備　考	※ 1 減収ないが 10/1 までバストバンド。得られたはずの歩合給ありとの主張を汲む。 ※ 2 赤い本別表Ⅰ　3 か月＋ 3 日＝ 77 万円。 その後月 2 回の経過観察で月 2 万円。		

備　考	※3 鎖骨変形障害＋左頬の知覚障害で労働喪失を認めるのは困難だが変形による将来不安等で慰謝料増額（100万円）になり得る。ここでは逸失利益で計上する。 ※4 被告が合図したと認められない（合図はしたが、左に寄らなかったという供述に信用性乏しい）。原告ヘルメットあごひもなしは損害拡大要因。被告が原告を抜こうとした事情なし。

■ 物損

	原告主張	被告主張	裁判所
修理費用	290,750円	△	○
総損害額			
請求額（認容額）			

コメント　いわゆる相場からするとかなり高額な慰謝料請求がされた事例である。なお休業損害についても2,000万円近い損害のうちの100万円を請求するとの構成になっている点が興味深い。休業損害につき、直接の減収はないものの2か月近くバストバンドをしていたことや得られたはずの歩合給が得られなかったという原告の主張を汲み30万円認定されている点が特徴的である。過失相殺について、被告合図なしを前提にしつつも、原告がヘルメットのあごひもを止めていなかった点を損害拡大要因とみて20％の過失相殺をしている。顔面醜状との関係では、確かにそのように考えるべきであろう。なお、和解案につき当事者双方から意見が出たうえで裁判所の和解案どおりに落ち着いている。

3-1 慰謝料増額

⑦ 自賠非該当も後遺障害分の慰謝料増額の主張がされ、その一部が認定された事例

事故概要

- 事故日：平成24年8月12日
- 事故態様：自動車 対 自転車
- 職業等：会社員
- 年収：119万円
- 症状固定日：平成25年7月31日（67歳）
- 被害態様：
  - 傷病名：頭部打撲、左膝打撲傷、右脛骨高原骨折、外傷性脳内出血の疑い、右膝関節内骨折
  - 通院状況：通院日数 354日（実187日）
  - 後遺障害等級：非該当
  - 既往症：なし
- その他：残存した自覚症状は右膝機能障害、正座不能、復職不可。
  訴訟前は被告は0：100を認めていた。

和解内容

■ 人身

	原告主張	被告主張	裁判所
治療関係費	903,814円	○	○
入通院付添費	31,955円（夫による通院付添い5日分の休損）	○	○
通院交通費・宿泊費等	125,370円	○	○
休業損害	1,465,256円	○	○
傷害慰謝料	2,090,000円（本来なら14等級のはずだから110万円の半分の55万円を加算）	×	1,750,000円 ※1
総損害額			
過失相殺	0%	20%	5% ※2
損益相殺うち自賠		▲2,534,334円	▲2,534,334円
調整金			164,217円
請求額（認容額）	2,300,000円		1,700,000円
備考	※1 赤い本別表Ⅰ使用。通院約12か月。実通院日数187日のほか、原告主張の慰謝料増額事由を考慮して算定した。 ※2 判タ【194】参照。基本割合は原告10：被告90。 　　修正要素は原告が高齢者であること（－5）。		

コメント 自賠責非該当事案だが、原告は、後遺障害14級に該当するとして、その慰謝料の半分の55万円を慰謝料に加算して請求した事案である。右脛骨高原骨折、外傷性脳内出血の疑い、右膝関節内骨折といった重傷事案であり、かつ、右膝の機能障害も残存したという傷害内容及び就業ができなかったという労働能力喪失の内容からは、自賠責で14級が認定されても不思議ではないといい得るので、非該当ではあるが慰謝料増額を認めた和解案は、実態に即した判断といえるのではないか。

3-1　慰謝料増額

(71)実６日の通院（期間６か月）の慰謝料算定につき通院４か月として慰謝料算定をした事例

事故概要

■ 事故日：平成 24 年 8 月 18 日
■ 職業等：ソフトウェア開発（フリー）
■ 年収：1,109 万 6,347 円（事故前年収益）
　　　826 万 5,666 円（事故前年所得）
■ 症状固定日：平成 25 年 3 月 8 日（48 歳）
■ 被害態様：
- 傷病名：腰椎破裂骨折
- 通院状況：入院日数　30 日
　　　　　通院日数　実 6 日
- 後遺障害等級：11 級 7 号脊柱変形
- 既往症：なし

和解内容

■ 人身

	原告主張	被告主張	裁判所
治療関係費	397,640 円	×	346,230 円 ※ 1
入通院付添費	188,500 円	×	45,000 円 ※ 2
入院雑費	43,500 円	○	○
付添人交通費	32,670 円	×	10,000 円
休業損害	6,171,392 円	1,388,178 円	4,432,458 円 ※ 3
傷害慰謝料	1,490,000 円	800,000 円	1,300,000 円 ※ 4
通信費	2,810 円	○	○
その他	30,797 円	○	○
後遺障害逸失利益	19,324,465 円	3,191,250 円	13,527,126 円 ※ 5
後遺障害慰謝料	4,200,000 円	○	○
総損害額	**31,881,774 円**	**10,002,765 円**	○
損益相殺 うち自賠	▲ 1,574,717 円	○	
弁護士費用	3,000,000 円		
調整金			1,636,796 円
請求額（認容額）	**33,307,057 円**	**8,248,048 円**	**24,000,000 円**
備　考	※ 1 和解として健保求償分を除いた 34 万 6,230 円とする。 ※ 2 原告の傷害内容により、和解案として日額 3,000 円× 15 日。 ※ 3 事故前年収入は 1,109 万 6,347 円とする。休業期間は腰椎破裂骨折であり、相応の安静が必要であったと考えられることに鑑み、事故後 60 日は 100%、その後 143 日は漸減的に回復し症状固定に至ったと考えられることに鑑み 60% とする。 ※ 4 和解案としては、骨折であることから入院 1 か月、通院は最初の 3 か月のほか、通院日数の少なさに鑑み、1 か月を加算し、4 か月とし、130 万円とする。		

| 備　考 | ※5　基礎収入は争いがない826万5,666円とする。喪失率は、等級、若年者でないこと、早期解決の趣旨より14％、18年とする。 |

コメント　脊柱の変形11級を遺した事案である。11級の喪失率は20％であるが、変形の場合、労働能力への実質的影響がない場合に、原則どおりの喪失率とはならないことがままあり、本件では、12級相当の14％を喪失率として和解案が提示されている。本事例においては、休業損害が400万円を超える提示がされているなど、治療中からも労働能力への影響があり、労働能力への影響がない単なる変形とはいえない事案であろう。結論としては、原告としては受け入れやすい和解案だったのではないだろうか。

3-1　慰謝料増額

⑦2 事故後4か月の治療中に被害者が死亡し、7か月の休業損害及び慰謝料の増額を認めた事例

事故概要

■ 事故日：平成24年12月27日
■ 事故態様：自動車 対 自動二輪車
　　　　　　十字路で直進車同士。判タ【165】。
■ 職業等：そば屋
■ 年収：平成25年 775万円
　　　　平成24年 1,299万円
■ 症状固定日：平成25年4月2日（52歳）
■ 被害態様：
　● 傷病名：左肩打撲、左胸部挫傷、左膝打撲、左肩腱板損傷
　● 通院状況：入院日数　20日
　　　　　　　通院日数　実25日
■ その他：事故から4か月後に被害者死亡。原告は相続人。
　　　　　医者から、事故から7か月は休業するようにといわれていた。

和解内容

■ 人身

	原告主張	被告主張	裁判所
治療関係費	535,988円	502,150円	530,258円
入通院付添費	130,000円	○	○
自宅療養費	210,000円	8,000円	8,000円
入院雑費	30,000円	○	○
通院交通費・宿泊費等	1,510円	○	○
装具・器具等購入費	26,410円	○	○
休業損害	3,059,217円	896,591円	1,890,091円 ※1
傷害慰謝料	3,000,000円	1,150,000円	1,500,000円
総損害額	6,993,125円	2,614,661円	3,986,269円
過失相殺			30%
損益相殺	▲1,086,306円	○	○
うち自賠			
弁護士費用	1,236,935円	×	
調整金			※2
請求額（認容額）	7,143,694円		1,870,000円
備考	※1 月額270,013円×7か月 ※2 1,870,000円に満つるまで調整金を計上。		

コメント 事故で受傷後、治療期間中に事故とは別原因により被害者が死亡した事案で、死因は、事故によるストレスが寄与しているとの原告の主張もあり、慰謝料増額を認めた。また、死亡後の休業損害についても、生前の医者からの就労制限期間分を認めた。事故と直接の因果関係なくとも何らかの関連がある場合に慰謝料増額事由となり得る点で参考となる和解例である。

3-2 死亡慰謝料

(73) 74歳の死亡慰謝料につき、相続人が長期間交渉していなかったとしても本人固有と合わせ2,150万円とした事例

事故概要

■ 事故日：平成25年5月19日
■ 事故態様：自動車 対 歩行者
■ 症状固定日：平成25年10月7日死亡（74歳）
■ 被害態様：
- 通院状況：入院日数　142日

和解内容

■ 人身

	原告主張	被告主張	裁判所
治療関係費	既払分		476,002円（既払の限度）
近親者慰謝料	2,000,000円	×　相続人長期没交渉	500,000円
司法慰謝料	22,000,000円	×　相続人長期没交渉	21,500,000円
葬儀	600,000円	△	404,600円
後遺障害逸失利益	10,540,000円		○
総損害額	**35,140,000円**		**33,420,602円**
過失相殺		45%	30% ※1
損益相殺 うち自賠	▲20,140,000円	○	○
弁護士費用	16,598,147円		
確定遅延損害金	1,598,147円		
請求額（認容額）	**18,248,147円**		**3,000,000円**
備　考	※1 判タ【37】夜間＋5、横断禁止＋10、高齢者－5。		

コメント 死亡事案で、相続人が長期間交渉していなかったとして、相続人固有の慰謝料の有無が争われた事案である。裁判所は長期間の没交渉を認めたうえで、50万円の範囲で固有の慰謝料を認めた。精神的なダメージを認定し難い長期間の没交渉があったが、他方で肉親が交通事故で死亡したことで少なからず思うところがあったとも思われ、両方の事情を考慮して柔軟な考え方をしたと評価できる。

3-2 死亡慰謝料

(74) 86歳の死亡慰謝料を本人及び息子1人分含め2,200万円認めた事例

事故概要

- 事故日：平成23年10月11日
- 事故態様：自動車 対 歩行者
- 職業等：無職
- 年収：年金受給者
- 症状固定日：死亡（86歳）
- 被害態様：
  - 傷病名：不明

和解内容

■ 人身

	原告主張	被告主張	裁判所
治療関係費	1,086,090円		
入院雑費	1,600円		1,600円
損害賠償請求関係費用	2,100円 （戸籍・印鑑証明）		×
葬儀費用	1,681,338円		1,500,000円
後遺障害逸失利益	6,650,382円 ※1		2,474,103円 ※2
死亡慰謝料	24,000,000円 （うち息子4,000,000円）		22,000,000円
総損害額	**33,421,510円**		**27,059,793円**
損益相殺 うち自賠	▲1,086,090円		
弁護士費用	33,421,510円		
調整金			1,449,297円
請求額（認容額）	**35,677,571円**		**28,500,000円**
備　考	※1 3,489,000円×（1－0.3）×3年。 ※2 403,800円（老齢基礎年金）×3年。		

コメント 86歳無職の年金受給者。女性。四輪自動車に轢かれて死亡。横断歩道上の事故であり、過失なし。原告は賃セを参考にした基礎収入を主張したが、裁判所は老齢基礎年金のみを基礎収入と認めた。なお、生活費控除率はなしとした。その理由として、存命であればさらに遺族厚生年金、遺族共済年金を受給し、合計年収が219万6,000円であることに照らし、老齢年金から生活費を控除すべき合理性はないことを挙げた。死亡慰謝料について、原告は本人2,000万円と息子4人それぞれ100万円を主張したが、裁判所はまとめて2,200万円を認めた。生活費控除率については、存命であれば200万円以上の年額の別年金が受給できており、その中から生活費を捻出したはずであることを考慮し、老齢年金を基礎収入として逸失利益を計算する際に生活費控除をしなかったことは妥当な結論である。

3-2 死亡慰謝料

(75) 63歳家事従事者の死亡慰謝料を夫、子ども3人分含め2,400万円認めた事例

事故概要

- 事故日：平成25年5月29日
- 事故態様：自動二輪車 対 自転車
- 職業等：家事従事者
- 症状固定日：死亡（63歳）
- 被害態様：
  - 傷病名：多臓器損傷
- その他：相続人は夫と子ども3人。

和解内容

■ 人身

	原告主張	被告主張	裁判所
治療関係費	1,963,350円	○	○
葬儀	2,576,150円	1,500,000円	1,500,000円
墓地・墓石	4,230,000円	0円	0円
死亡逸失利益	23,402,275円	18,390,815円	22,007,928円 ※1
死亡慰謝料	29,000,000円	20,000,000円	24,000,000円
総損害額	**61,171,775円**	**41,854,165円**	**49,471,278円**
過失相殺	10%	20%	20% 判タ【191】
損益相殺 うち自賠	▲1,963,350円	▲1,963,350円	▲1,963,350円
弁護士費用	5,900,000円	5,900,000円	
調整金			1,477,617円
請求額（認容額）	**65,108,425円**	**31,519,982円**	**39,000,000円**
備　考	※1 3,547,200円×（1－0.3）×12年（8.8632）。		

コメント 63歳家事従事者の死亡慰謝料を夫、子ども3人分含め2,400万円認めた。高齢者といえるほどの年齢でないことや子の人数からいって妥当と思われる。なお、過失について、別冊判タ【240】を前提に、「著しい過失」の有無が争われた。原告は、被告車両が時速30～40キロメートルという交差点に進入するには決して遅くない速度で交差点に進入したにもかかわらず、前方交差道路が左方から右方への一方通行（自転車を除く）であったことに気を許し、交差点左方から進入してくる自動車がいないことを確認したのみで、右方からの自転車に対する注意をはらわらなかったことをもって「著しい過失」があると主張したが、裁判所は基本過失割合である20：80を認めた。被告車両がスピードオーバーをしていた等の特段の事情がない以上、上記のような過失の態様は、基本過失割合で考慮しつくされているといわざるを得ないだろう。

3-2　死亡慰謝料

(76) 76歳女性の死亡慰謝料につき、本人2,000万円、近親者3人にそれぞれ100万円を認めた事例

事故概要

■ 事故日：平成25年2月7日
■ 職業等：家事従事者
■ 症状固定日：死亡（76歳）
■ 被害態様：
- 傷病名：くも膜下出血、骨盤骨折

和解内容

■ 人身

	原告主張	被告主張	裁判所
葬儀	1,500,000円		1,500,000円
死亡慰謝料	24,000,000円 近親者6,000,000円 （2,000,000円×3）		20,000,000円 近親者1,000,000円×3
総損害額			
請求額（認容額）		**全て争う**	

コメント　76歳女性の死亡慰謝料につき、本人2,000万円、近親者3人にそれぞれ100万円を認めた。被害者が高齢女性であることからすると、近親者固有の慰謝料を含めて1,800万円が基準となるが、具体的な心情の立証によって、基準より高い慰謝料が認定されたものといえ、参考になる。

3-2　死亡慰謝料

(77) 70歳の被害者の死亡慰謝料につき、2,800万円が認定された事例

事故概要

■ 事故日：平成24年12月22日
■ 事故態様：横断歩道の至近を横断中の衝突、交通整理はなし。
■ 職業等：パン販売店員＋看護助手
■ 症状固定日：平成24年12月23日死亡（70歳）

和解内容

■ 人身

	原告主張	被告主張	裁判所
治療関係費	2,175,700円		2,175,700円
傷害慰謝料	444,400円		0円
葬儀費用	1,489,336円	1,500,000円	1,489,336円
葬儀参列費用	678,724円	×	678,724円
死亡逸失利益（給与）	24,450,498円	実収入で	6,011,559円
死亡慰謝料固有含む	30,000,000円		28,000,000円
死亡逸失利益（年金）	7,674,835円	控除率40%	6,578,430円 ※1
総損害額			
過失相殺	0%	直前横断	5% ※2
請求額（認容額）	**64,337,796円**		**40,511,362円**
備　考	※1 生活費控除4割、原告は仕送りを受けていることを理由に3割を主張したが認められなかった。 ※2 夜間直近横断＋被告と同一方向横断からの急な進路変更を考慮。 51,000,000円で和解。		

コメント　裁判所和解案の内訳は上記のとおりであり、当初の和解案総額も4,500万円であった。その後に尋問が行われ、5,100万円での和解となったようである。争点は主として逸失利益である。被害者は70歳にして2つの職を掛け持ちしており、能力についてもかなり高いことがうかがわれるケースではあり、親族から年収6万ドルのオファーを受けていたなどの主張もされたが、裁判所は、実収入をベースとして逸失利益を算定した。年齢等を考慮すると妥当であろう。5,100万円という数字がどのように算出されたかは明らかではないが、おそらく上記内訳に遅延損害金と弁護士費用をほぼそのまま加算したものではないかと思われる。被害者の年齢を考えると、死亡慰謝料が標準よりかなり高く認定された例として参考になる。

4. 異なる等級

[**4-1** 等級が下がった　　**4-2** 認められなかった
　　　 ケース　　　　　　　　　 ケース]

　建前としては裁判所が自賠責の等級認定に縛られることはないが、実際上は、自賠責の等級認定が裁判所の判断にも極めて大きな影響を及ぼしていることは実務家であれば当然の前提であろう。

　この当然の前提と異なる判断がされるのはどのような場合か、どの程度の主張立証がされれば、（判決では無理だとしても）和解において自賠責の等級よりも上位の後遺障害としての損害が認められるかを調査したかった分野である。特に、軽度外傷性脳損傷（MTBI）や線維筋痛症などの自賠責では14級認定が限界であるにもかかわらず被害者に甚大な症状と損害が残っている場合について、裁判例は被害者にとって絶望的な状況といってよいと思われるところ、和解においては一定の救いがあるのではないかと期待していたところである。

　しかし、この点については、やはり調査対象として300程度の事案では該当例が少なすぎて有意なものをみつけることはできなかった。該当事案に直面した際には全力で裁判に臨んでいくのはもちろんのこと、引き続き類似事案について調査していきたいところである。

4-1 等級が下がったケース

⑱後遺障害12級13号認定も逸失利益喪失率を12%とした事例

事故概要

- 事故日：平成22年9月22日
- 事故態様：自動二輪車 対 自転車
- 職業等：会社員
- 年収：906万2,018円
- 症状固定日：平成24年9月21日（37歳）
- 被害態様：
  - 傷病名：脳挫傷、頭蓋骨折、頭痛、難聴、味覚障害
  - 通院状況：入院日数　8日
  　　　　　　通院日数　実26日
  - 後遺障害等級：12級13号
  - 既往症：なし
- その他：12級は脳挫傷痕によるもの。

和解内容

- 人身

	原告主張	被告主張	裁判所
治療関係費	559,820円	○	
入院雑費	12,000円	○	
通院交通費・宿泊費等	15,880円	○	
休業損害	1,069,831円	820,215円 (1,640,408円÷90×45日)	1,069,831円
傷害慰謝料	1,894,000円	842,000円	842,000円
後遺障害逸失利益	19,782,312円	9,796,386円 (H21年収9,062,018円 ×0.14×10年)	16,956,268円 ※1
後遺障害慰謝料	2,900,000円		
総損害額			
過失相殺	0%	30%	10% ※2
損益相殺 うち自賠	▲1,395,915円		
弁護士費用	2,630,000円		×
調整金			2,140,135円 ※3
請求額（認容額）	27,618,552円		21,000,000円
備考	※1 原告主張の逸失利益計算式は9,062,018×0.14×15.5928であるが、このうち、基礎収入と喪失期間は採用。喪失率につき、一件記録からは、後遺障害による就労への影響は必ずしも明確とはいえないところ、後遺障害の内容・程度、症状固定前の原告の症状の推移、原告の職種、原告の収入の推移、その他諸般の事情を考慮して12%とする。 ※2 一方通行路であったとしても右折時の後方確認義務を免れると解することはできず、本件事故現場及びその周辺の客観的状況、原告車及び被告車の走行態様、走行経路等を考慮して上記過失割合とする。			

| 備　考 | ※3 内容、経過、事故からの期間、双方の主張立証の程度に鑑み計上する。 |

コメント　脳挫傷後の後遺障害として、味覚障害、難聴等が生じたものの自賠責の認定は脳挫傷痕の12級13号のみであった事例である。原告は、12級13号の逸失利益として14％を前提に請求をしたが、裁判所は、就労への影響が必ずしも明確ではないとし、労働能力12％の喪失率を認めるにとどまった。他方で、労働能力喪失期間は67歳までとする原告の案を認めている。神経症状の12級、14級は、労働能力喪失期間を制限的にとらえる裁判例が少なくないところ、労働能力喪失率について実質的な判断をし、一方で喪失期間を67歳まで認めた点は、参考となる。

4-1　等級が下がったケース

(79)両下肢の醜状（各 12 級）及び神経症状（各 14 級）が認定されるも逸失利益は 5%5 年に制限された事例

事故概要

■ 事故日：平成 24 年 10 月 19 日
■ 事故態様：自動車 対 自転車
■ 職業等：家事従事者
■ 症状固定日：平成 25 年 4 月 17 日（43 歳）
■ 被害態様：
- 傷病名：左脛骨近位端開放骨折、左腓骨骨折、左右大腿皮膚剥脱創、左肋骨多発骨折
- 通院状況：入院日数　65 日
  通院日数　2 日
- 後遺障害等級：併合 11 級（両下肢醜状各 12 級、両下肢痛み各 14 級）
- 既往症：なし

和解内容

■ 人身

	原告主張	被告主張	裁判所
治療関係費	600,000 円		○
損害賠償請求関係費用	9,000 円		○
休業損害	700,000 円		631,670 円 ※ 1
傷害慰謝料	1,059,000 円		○
後遺障害逸失利益	11,093,000 円		767,880 円 ※ 2
後遺障害慰謝料	4,200,000 円		○
総損害額			
過失相殺	0%		30% ※ 3
損益相殺 うち自賠	▲ 3,485,646 円		▲ 4,510,000 円
弁護士費用	1,050,000 円		0 円
調整金			222,684 円
請求額（認容額）	**15,226,555 円**		**800,000 円**
備　考	※ 1 入院 65 日間につき、家事従事者の休業損害を認める。基礎収入は本件事故時である平成 24 年の賃セより 354 万 7,200 円とする。 ※ 2 原告の基礎収入は※ 1 のとおり、原告の後遺障害の内容は、両下肢の瘢痕（各 12 級相当）及び両膝関節の痛み（各 14 級）であるが、労働能力喪失率を 5% とし、労働喪失期間を 5 年とする。逸失利益は 76 万 7,880 円と認める。原告の職業が家事従事者であることからすると、下肢の瘢痕は労働能力には影響しないものと認めるのが相当であるが、後遺障害慰謝料については、この点も考慮する。		

備　考	※3 本件道路は、見通しの良い直線路であり、歩道部分は等間隔に敷設された縁石によって車道部分と区別されているため、被告車から見れば、自転車が車道部分に進出して走行することは予見可能な道路状況といえる。他方、自転車は、車道を走行するのが原則であり（本件道路の歩道は自転車の通行が許されていない歩道であることがうかがわれる）、道路の左側端に沿って走行しなければならないところ、原告車は本件道路の右側を走行していたものである。そうすると、本件事故については判タ【303】（基本20：80）を参照するのが相当である。そして、証拠によれば、本件道路の車道部分の幅員は、片側2.8mと比較的狭く、本件事故は、被告車が道路中央を直進走行していた際に発生したものであり、肉片の位置からすると、原告車は縁石がある部分から車道部分にはみ出したものと認められるから、原告車が予想外のふらつき走行があったのと同様の修正を加える。

コメント　下肢の瘢痕につき12級2つが認定された（別に神経症状の14級も認定）が、家事労働者であり、労働能力喪失につき、実質的な影響がないことを理由に、通常の14級の5％5年の提示がされた。逸失利益に反映されない場合、慰謝料の増額の主張の余地もあるところだが、慰謝料に関しては等級どおりの11級が認定されている。

4-2 認められなかったケース

⑧⓪頸椎・腰椎で併合14級で、12級前提の請求をするも14級相当の認定とした事例

事故概要

■ 事故日：平成24年12月31日
■ 事故態様：自動車 対 自動二輪車
■ 職業等：歯科医
■ 年収：1,658万円
■ 症状固定日：平成25年11月3日（57歳）
■ 被害態様：
  ● 傷病名：前胸部打撲、右肩打撲、右肘打撲、頸椎捻挫
  ● 通院状況：通院日数 64日
  ● 後遺障害等級：首・胸で併合14級
  ● 既往症：なし

和解内容

■ 人身

	原告主張	被告主張	裁判所
治療関係費	951,775円	911,615円	951,775円
通院交通費・宿泊費等	49,840円	○	○
傷害慰謝料	1,250,000円	900,000円	1,000,000円 ※1
後遺障害逸失利益	21,804,424円	0円	3,589,155円 ※2
後遺障害慰謝料	2,900,000円	0円	1,100,000円
総損害額			
過失相殺	0％ 判タ【214】	20％ 判タ【164】判タ【170】	10％ ※3
損益相殺 うち自賠	▲969,255円	○	
弁護士費用	2,600,000円	×	
調整金			297,562円
請求額（認容額）	28,586,784円	519,909円	5,350,000円
備考	※1 和解案としては、原告の通院期間、傷害内容により、100万円とする。※2 基礎収入は争いがない。認定された後遺障害の内容、等級に照らし、5年、5％とする。1,658万円×0.05×4.3295 ※3 双方の車両の動静に関する現時点までの主張立証や被告があらかじめ左に寄らず左折していることに鑑み、10：90とする。		

■ 物損

	原告主張	被告主張	裁判所
時価額		123,000 円	
修理費用	159,600 円 （購入価格）		140,078 円
総損害額			
過失相殺			10%
相殺			▲ 20,595 円 （被告車損害の1割）
請求額（認容額）	159,600 円		105,475 円

コメント　自賠責において頸部・腰部につき神経症状の14級がそれぞれ認定され併合14級となった事案で、原告が、逸失利益につき喪失率及び喪失期間を5％5年以上主張したが、裁判所は、原則どおり、5％5年の逸失利益を認めるにとどまった。併合である場合、5％5年を上回る認定がされる裁判例も存在するが、本件では、休業損害の請求がされておらず（実際に休業損害があったか否かはともかく）、実質的な影響につき、5％5年を超えるものではないと判断されたといえるのではないか。

4-2　認められなかったケース

(81)自賠非該当で 14 級相当の半額の慰謝料を請求するも認定されなかった事例

事故概要

- 事故日：平成 24 年 2 月 14 日
- 職業等：家事従事者
- 年収：平成 24 年　354 万 7,200 円
- 症状固定日：平成 25 年 6 月 28 日
- 被害態様：
  - 傷病名：右手第 5 指挫創、左肩関節捻挫、左肘打撲、左関節節捻挫、頸椎捻挫
  - 通院状況：通院日数　実 74 日。期間は約 1 年間。
  - 後遺障害等級：非該当

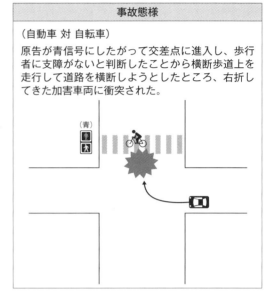

事故態様

（自動車 対 自転車）

原告が青信号にしたがって交差点に進入し、歩行者に支障がないと判断したことから横断歩道上を走行して道路を横断しようとしたところ、右折してきた加害車両に衝突された。

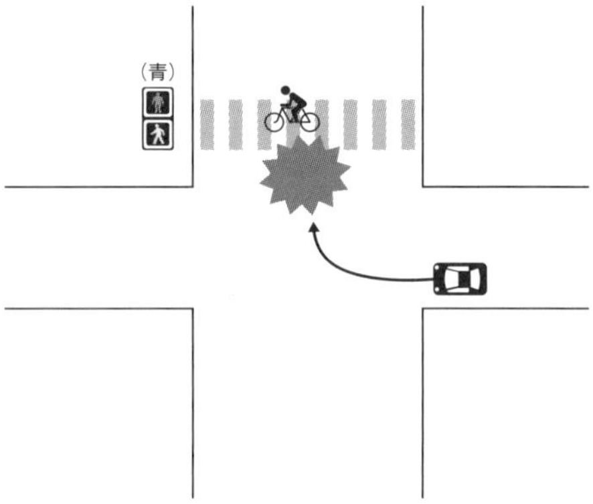

和解内容

- 人身

	原告主張	被告主張	裁判所
治療関係費	697,250 円	○	697,250 円
休業損害	1,166,160 円	364,425 円	728,850 円 ※ 1
傷害慰謝料	1,390,000 円	1,090,000 円	1,200,000 円
諸雑費	10,700 円	○	○
後遺障害慰謝料	550,000 円 ※ 2		
総損害額	**3,814,110 円**	**2,162,375 円**	**2,636,800 円**
過失相殺	0%	10% 判タ【249】	5% ※ 3
損益相殺 うち自賠	▲ 707,750 円	○	○
弁護士費用	310,000 円		
調整金			152,790 円
請求額（認容額）	**3,416,360 円**	**1,238,387 円**	**1,950,000 円**
備　考	※ 1 収入に争いなし。急性期 30 日は 100%、その後 90 日を 50%。 ※ 2 非該当だが、14 級の 2 分の 1 を認めるべきである。なぜなら、他覚所見は乏しいが医学的には十分説明可能であり、因果関係も認められる。 ※ 3 事故態様だけでなく、交渉経過も勘案（物損が 0 ：100）。		

コメント 家事従事者。自転車運転中に4輪自動車と接触。右手第5指挫創、左肩関節捻挫、左肘打撲、頸椎捻挫の傷病名で、後遺障害等級非該当。通院慰謝料について赤い本別表Ⅰを使って主張したが、裁判所は赤い本別表Ⅱで慰謝料を算定した。また、後遺障害等級非該当ながら、後遺障害慰謝料の半額を請求したが、裁判所は認めなかった。過失については争いがあったものの、事故態様のみならず交渉経緯（物損を0：100で示談していた。）も勘案して、基本過失割合より原告に5％有利に修正した。自賠責保険において後遺障害等級非該当であっても、裁判所はその判断に拘束されない以上、その残存している症状に応じた柔軟な評価が望まれる。

4-2　認められなかったケース

(82)自賠 14 級 9 号で、12 級前提の請求をするも 14 級相当の認定をした事例

事故概要

■ 事故日：平成 22 年 11 月 28 日（40 歳）
■ 事故態様：自動車 対 歩行者
■ 職業等：無職（親の介護）
■ 年収：なし（主張は 40 ～ 44 歳男女平均 538 万 7,200 円）
■ 症状固定日：平成 24 年 9 月 28 日（41 歳）
■ 被害態様：
- 傷病名：頭部打撲・頸椎捻挫・右肩、腰部、両膝打撲
- 通院状況：通院日数　実 270 日＋眼科実 15 日
- 後遺障害等級：14 級 9 号、提訴時は申請中。原告主張は 12 級前提。

和解内容

■ 人身

	原告主張	被告主張	裁判所
治療関係費	74,270 円		74,270 円
通院交通費・宿泊費等	248,860 円		248,860 円
休業損害	3,780,000 円		1,890,000 円 ※ 1
傷害慰謝料	1,800,000 円		1,800,000 円
後遺障害逸失利益	10,841,890 円		1,166,194 円 ※ 2
後遺障害慰謝料	2,900,000 円		1,100,000 円
総損害額	**19,645,020 円**		**5,779,324 円**
弁護士費用	なし		
調整金			520,676 円
請求額（認容額）	**19,645,020 円**		**6,300,000 円**
備　考	※ 1 事故当時無職だが、症状固定時までに就職できる可能性あり。しかし、傷害の内容・通院状況に照らして原告主張の半額。 ※ 2 基礎収入は原告主張のとおり賃セ平成 22 年（5,387,200 円）× 0.05 × 4.3295　もともと飲食店で働いていたが親の介護のために一時的に休んでいただけであり、逸失利益は認められる。		

コメント 41歳無職（親の介護中）。収入はなし。頭部打撲、頸椎捻挫、右肩、腰部、両膝打撲の傷病名で後遺障害等級14級9号認定。原告は12級前提で損害を主張していたが、裁判所は自賠責保険の認定と同じ14級9号と認めた。休業損害について、裁判所は、事故当時無職であったが症状固定時までに就職できる可能性があると認め、原告主張の半額を認めた。また逸失利益について、原告はもともと就業していたところを親の介護のために一時的に休業していただけであるとして、原告が主張する賃セ（538万7,200円）を基礎収入として認めた。無職の被害者の休業損害及び逸失利益について、就労していた事実と、特定の事情（本件では親の介護）が生じ、その間だけ就労を停止していた事実をもって損害を認めた。

4-2　認められなかったケース

(83)自賠非該当で 14 級前提で請求するも認定されなかった事例(1)

事故概要

- 事故日：平成 23 年 8 月 5 日
- 職業等：家事従事者
- 症状固定日：平成 24 年 5 月 29 日（56 歳）
- 被害態様：
  - 傷病名：首・腰
  - 通院状況：通院日数　295 日
  - 後遺障害等級：異議 2 回も非該当。

事故態様

（自動車 対 自転車）

自転車歩道通行可能道路。
通行中の自転車と自動車の接触。
被告の車が左右どちらに行こうとしていたかは不明。

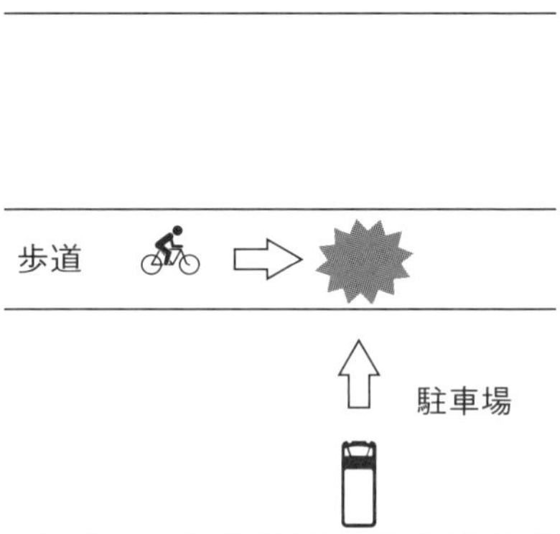

和解内容

■ 人身

	原告主張	被告主張	裁判所
休業損害	1,824,515 円 ※ 1	△（過大）	1,163,898 円 ※ 2
傷害慰謝料	1,120,000 円	810,000 円	810,000 円
後遺障害逸失利益	748,847 円	×	×
後遺障害慰謝料	1,120,000 円	×	×
総損害額	**4,793,389 円**		
過失相殺	0%	25%	10%
弁護士費用	470,000 円		
調整金			123,492 円
請求額（認容額）	**5,263,389 円**		**1,900,000 円**
備　考	※ 1 治療中断　2 か月× 1 あり。 1 か月× 1 あり。 3,459,400 円÷ 365 日。 90 日 100%。 205 日 50%。 ※ 2 実 52 日。 諸般の事情を考慮。		

コメント 自賠責において後遺障害非該当と認定され、異議申立てを2回行うも非該当とされた原告が、14級相当の後遺障害が残っているという主張をしたものの、結果として後遺障害部分の損害は否定された。ただし、諸般の事情を考慮して、家事従事者の休業損害として116万円という、後遺障害非該当を前提とすればある程度高い金額が認められている点が興味深い。後遺障害の主張をしていたことが裁判所の心証に影響している可能性があるという意味で参考になる。

4-2 認められなかったケース

⑭自賠非該当で14級前提で請求するも認定されなかった事例(2)

事故概要

- 事故日：平成23年9月7日
- 職業等：小学生
- 症状固定日：平成25年9月5日（8歳）
- 被害態様：
  - 傷病名：右脛骨・腓骨骨幹部開放骨折
  - 通院状況：入院日数　67日
  　　　　　　通院日数　664日（実6日）
  - 後遺障害等級：14級主張（非該当）

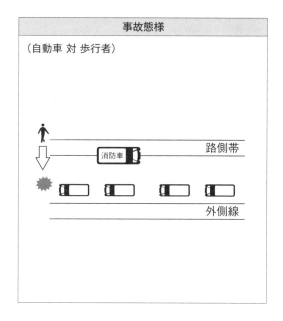

事故態様

（自動車 対 歩行者）

和解内容

■ 人身

	原告主張	被告主張	裁判所
治療関係費	0円	○	○
入通院付添費	435,500円＋19,800円	×	○
入院雑費	100,500円	×	○
通院交通費・宿泊費等	1,260円	△	○
傷害慰謝料	2,160,000円	×	1,300,000円
後遺障害慰謝料	1,100,000円	×	×
総損害額			
過失相殺		相当程度	5%
損益相殺	▲274,700円		
うち自賠			
弁護士費用	355,136円		
請求額（認容額）	3,906,496円		1,550,000円

コメント 右脛骨の開放骨折をした原告が、自賠責において非該当とされるも14級認定を主張し、裁判所はこれを受け入れず非該当前提での和解案を出している。慰謝料130万円というのは少し低いのではないかという気もするが、実通院日数が6日であることや原告が小学生とはいえ入通院付添費を主張どおり全額認めていることなどとのバランスからすると、和解案として妥当なものといえるだろう。なお、事故態様の認識も異なり過失割合も争いになったが、5％の過失相殺を認めた点は具体的妥当性のあるものであろう。

4-2 認められなかったケース

85 自賠非該当で 14 級前提で請求するも認定されなかった事例(3)

事故概要

- 事故日：平成 24 年 2 月 7 日
- 事故態様：自動車 対 自動車
  優先道路を直進中の原告が一時停止線上で停止した後、右折した被告と衝突。
- 症状固定日：平成 25 年 9 月 13 日
- 被害態様：
  - 傷病名：むち打ち
  - 通院状況：通院日数　1 年 11 か月
- その他：非該当だが 14 級主張。
  整骨院に通院。

和解内容

- 人身

	原告（人）主張	被告主張	裁判所
治療関係費	75,000 円		0 円 ※1
通院交通費・宿泊費等	98,510 円		88,390 円
傷害慰謝料	1,300,000 円		1,150,000 円 ※2
後遺障害逸失利益	5,481,960 円		0 円 ※3
後遺障害慰謝料	1,100,000 円		0 円 ※3
総損害額			
過失相殺			15%
損益相殺 うち自賠		▲ 1,290,290 円	▲ 1,400,780 円
弁護士費用	805,547 円		
調整金			51,402 円
請求額（認容額）	8,750,527 円		800,000 円
備考	※1 傷害内容、通院経過に照らし、事故後 1 年以上が経過した平成 25 年 2 月以降の整骨院の施術は本件事故と相当因果関係があると認めることはできない。 ※2 通院期間・経過に照らし 115 万円とする。 ※3 和解案として、後遺障害に関する損害は計上しない。		

■ 物損

	原告（会社）主張	被告主張	裁判所
修理費用	50,000 円		50,000 円 ※4
評価損	480,000 円		0 円
代車費用	228,700 円		※5
総損害額	758,700 円		50,000 円 ※6
過失相殺			15%
素因減額	0 円		
弁護士費用	75,870 円		0 円
請求額（認容額）	834,570 円		50,000 円
備　考	※4 過失相殺後（15：85）の損害は107万7,380円であり免責額はこれを下回る。 ※5 和解案として21日分（25万9,350円）とする。過失相殺後の損害（85％）は22万447円であり、原告保険会社からの支払でてん補済となる。 ※6 免責額が過失相殺後の総損害を下回るから過失相殺にかかわらず、5万円が損害となる。		

コメント　非該当の事案において、原告が14級前提で損害の主張を行ったが、裁判所はこれを認めない内容の和解案を提示している事案。自賠責の後遺障害認定は裁判所の和解案においても、非常に効力を有することがわかる。少なくとも、他覚的所見のないむち打ち事案において、自賠責の後遺障害等級がとれない場合に裁判で後遺障害部分の損害を立証するのは、かなり難しいと思われる。

5. 過失相殺・素因減額

[**5-1** 過失相殺 　　**5-2** 素因減額]

　過失相殺については、理論的問題というより事実認定とその評価の問題という側面が強いが当事者意識としては強いこだわりになることも多いケースである。たしかに、優先道路走行中に側道から出てきた車に側面衝突された場合に優先道路走行車にも過失相殺されるべき落ち度があるという実務では一般的な結論は、一般市民には納得し難い側面があるだろう。当研究班としては、「別冊判例タイムズ38号」等で示されている基本過失割合や修正要素以外で、いかなる点が考慮され得るのかを意識して調査した。本書に掲載される事案は、相応に参考となるケースであると思われるのでぜひご一読願いたい。

　素因減額については、弁護士法人サリュ所内でも理論的にかなり深い研究がされた分野である。その結論として、裁判実務においては、素因減額は当然のようになされていることが多いが、理論的にはまだ問題が残っていると我々は考えている。本書でそこに立ち入るのは避けたいが、それにしても、例えばむち打ち14級の事案で素因減額があるなどと主張される場合には、被害者側代理人としては断固として戦っていく必要があるだろう。とはいえ、本書に掲載されているケースのように、少なくとも和解においては妥当な判断がされていることが多いといえるのではないかと思われる。

5-1 過失相殺

⑧⑥非接触であることから基本過失割合より5％不利に過失割合が修正された事例

事故概要

- 事故日：平成24年8月3日
- 職業等：無職
- 年収：平成23年　23万円/月程度
  （平成23年4月会社倒産）
- 症状固定日：平成25年3月27日（36歳）
- 被害態様：
  - 傷病名：右橈骨頸部骨折
  - 通院状況：入院日数　7日
  　　　　　　通院日数　実58日
  - 後遺障害等級：12級13号

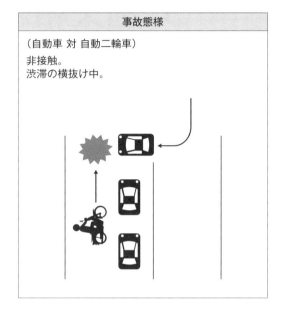

事故態様

（自動車 対 自動二輪車）

非接触。
渋滞の横抜け中。

和解内容

■ 人身

	原告主張	被告主張	裁判所
治療関係費	403,230円	△392,180円	○
通院交通費・宿泊費等	23,120円	×	○
傷害慰謝料	1,390,000円	×	△1,000,000円
諸雑費	13,500円	×	○
文書	5,250円	×	
後遺障害逸失利益	7,629,154円 ※1		3,459,321円 ※2
後遺障害慰謝料	2,900,000円		2,900,000円
総損害額			
過失相殺	10%	35%	35% ※3
損益相殺	▲2,832,180円		
うち自賠	▲1,236,425円		
請求額（認容額）			
備考	※1 36歳男賃セ526万円×0.14×10.380（15年ライプニッツ係数）。 ※2 320万円（無職であったこと、有職時の収入、年齢等を考慮して）×0.14×7.7217。 ※3 判タ【217】。		

コメント 原告二輪車が、渋滞の横抜け中に対向車が右折してきて非接触も転倒したケース。原告は10％を主張するも、非接触であることを重くみられて基本過失割合より原告に5％不利な修正がされた。実務的には、非接触の場合、原告に不利に修正れるケースが多く、本件もそのケースである。なお、骨折後の神経症状で12級13号が認定されたが労働能力喪失期間を10年に制限された。赤い本ではむち打ち12級の場合に労働能力喪失期間が10年程度に制限されることが多いと紹介されているが、実務的には本件のようにむち打ち以外の12級13号であっても期間を制限されることが多い。

5-1　過失相殺

㊇台風の風雨等を考慮し原告の過失を20%とした事例

事故概要

- 事故日：平成23年9月21日
- 事故態様：自動車 対 歩行者
- 職業等：会社員
- 年収：46万5,000円／月
- 症状固定日：平成24年12月17日（35歳　女性）
- 被害態様：
  - 傷病名：右脛骨高原骨折
  - 通院状況：入院日数　63日
  　　　　　　通院日数　実8日
  - 後遺障害等級：非該当
  - 既住症：なし

和解内容

■ 人身

	原告主張	裁判所過失相殺前	裁判所過失相殺後
治療関係費	2,983,282円	○	
診断書	25,200円	○	※1
入院雑費	94,500円	○	
通院交通費・宿泊費等	21,110円	○	※2
小計	3,124,092円	○	2,499,274円
既払い　療養給付	(2,983,283円)		(2,983,283円)
合計	140,000円		0円 ※3
休業損害	753,436円	○	588,349円
既払い　休業給付	(478,436円)		(478,439円)
合計	257,000円		109,913円
傷害慰謝料	2,110,000円	1,420,000円	1,136,000円 ※4
総損害額			
過失相殺	0%		20% ※5
素因減額			
損益相殺　うち自賠	▲200,000円		▲200,000円 ※6
弁護士費用	230,221円		0円
調整金			104,087円 ※7
請求額（認容額）			1,150,000円

備　考	※1 実際に支出された費用であることに照らし、和解案に限って認める。 ※2 入院期間中の一時帰宅のための交通費も含まれていると認められることから、左記金額を和解案として認める。 ※3 本和解案においては、治療費、通院交通費、入院雑費及び診断書費用について、療養補償給付による控除を認めることとする。 ※4 原告の入院期間、退院後の通院経過、就労開始時期や生活状況等に照らし、上記慰謝料を和解案とする。 ※5 本件事故態様について、基本過失割合に争いがないことを踏まえ、本件事故時は台風の風雨により双方とも視認状況が悪かったこと、本件事故現場は市街地とされているが、歩行者の頻繁な横断が予測される場所とまではいえないことを考慮して、上記過失割合を和解案とする。 ※6 被告による既払い金の額については争いあるが和解案としては上記のとおりとする。 ※7 事案の内容、審理の経過、本件事故からの期間、現時点における双方の主張立証の程度等に鑑み、調整金を加算した。 ※8 原告主張額は原告の請求より5,600円多くなっているが、これは原告が既払い金の額を5,600円減少させる旨主張したことによる。

コメント　療養補償給付を受けた場合に、どの費目から控除を受けるかが、特に過失が認められる事案について、問題となることがあるが、本和解例においては、治療費、通院交通費、入院雑費及び診断書費用に関して控除が認められた。過失割合についても、形式的には市街地ではあるが、頻繁な通行が予測される場所ではないことを理由に、修正要素としない、という実質的な判断がされている点が注目される。

5-1 過失相殺

88 ガードパイプがあることをもって横断禁止の過失修正をするかが争われ、結論としては否定された事例

事故概要

- 事故日：平成24年10月24日
- 職業等：無職
- 症状固定日：平成25年1月6日死亡（89歳）
- 被害態様：
  - 傷病名：急性硬膜下血腫、骨盤骨折、外傷性くも膜下出血 等
  - 通院状況：入院日数 実75日
  - 既往症：パーキンソン病
- その他：相続人3名、長男が介護。

事故態様

（自動車 対 歩行者）
判タ【37】

3.5m〜3.8m

ガードパイプ

和解内容

■ 人身

	原告主張	被告主張	裁判所
治療関係費	230,640円	○	
入院雑費	112,500円	○	
通院交通費・宿泊費等	117,980円	○	
傷害慰謝料	1,230,000円	○	
文書	3,000円	○	
後遺障害逸失利益	5,673,777円	○	
後遺障害慰謝料	22,000,000円		20,000,000円
固有慰謝料（長男）	3,000,000円		900,000円
固有慰謝料（次男・三男）	各1,500,000円		450,000円×2
葬儀費用	753,090円		
総損害額			
過失相殺			10%
損益相殺	▲18,393,857円		和解では元本充当
うち自賠	▲17,477,717円		
弁護士費用	1,300,000円		
調整金			494,990円
請求額（認容額）			

コメント 被告から、ガードパイプがある以上、横断禁止に準じるべきであるとの主張がなされたが、裁判所は、なお検討の余地はあるとしながら、夕刻で住宅が多く、バス停やコンビニが近くにある状況では横断者の存在に注意すべきであるとして、横断禁止の修正は認めなかった。法令上、横断禁止とされていなくとも具体的状況において過失割合修正の検討の余地があるとしている点は参考になる。また、パーキンソン病であった被害者を身体障害者に準じて10%有利に修正した。

5-1　過失相殺

(89)先行車線変更車と後続直進車の事故につき著しい合図遅れを認定した事例

事故概要

■ 事故日：平成 25 年 7 月 2 日
■ 症状固定日：平成 26 年 3 月 1 日
■ 被害態様：
　● 傷病名：頸部捻挫、腰部捻挫、右大腿部挫傷、左大腿部挫傷
■ その他：運転手が人身請求、車所有者が物損請求。

事故態様

（自動車 対 自動車）

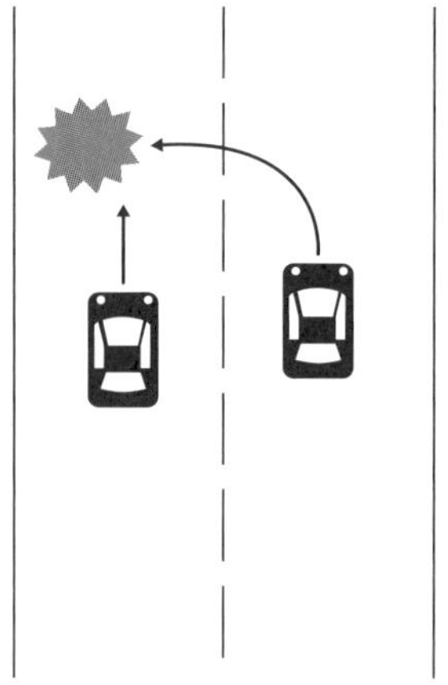

和解内容

■ 人身

	原告主張	被告主張	裁判所
治療関係費	355,790 円	×	273,260 円
装具・器具等購入費	16,800 円	×	34,950 円
傷害慰謝料	1,320,000 円	×	900,000 円
総損害額	**1,692,590 円**		**1,282,100 円**
過失相殺	0%	原告にも過失ある	10%
損益相殺 うち自賠	▲ 272,390 円		▲ 272,390 円
弁護士費用	140,000 円		
調整金			24,851 円
請求額（認容額）	**1,560,200 円**		**766,810 円**

■ 物損

	原告主張	被告主張	裁判所
修理費用	772,139 円		772,139 円
総損害額	**772,139 円**		**772,139 円**
過失相殺	0%		10%
弁護士費用	70,000 円		
請求額（認容額）	**842,139 円**		**694,925 円**

原告は、過失相殺されるべき落ち度はないと主張するも、裁判所は、先行車線変更車と後続直進車の事故であることを基礎に、被告車に著しい合図遅れがあることを考慮し、10：90と認めた。

5-1 過失相殺

⑨⓪横断歩道横断開始時に22メートルの距離にいたものの夜間修正のみされた事例

事故概要

- 事故日：平成25年12月13日
- 職業等：準社員
- 年収：平成25年源泉　324万5,875円
- 症状固定日：即死（50歳）
- 被害態様：
  - 傷病名：外傷性頭頸部損傷
- その他：原告（唯一の相続人。相続人は母親）。被告は運送会社と運転手。

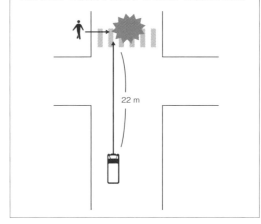

事故態様

（自動車 対 歩行者）

被告は、大型トラックで30km/hで走行。進路前方の左側道路から横断歩道に進出しようとしていた被害者を左前方約22メートルの地点に認めたにもかかわらず、30km/hのまま進行し、左から右方に横断中の被害者に車両前部を衝突させて転倒させたうえ、左前輪で轢過するなどして即死させた。

和解内容

■ 人身

	原告主張	被告主張	裁判所
治療関係費	150,000円		150,000円
葬儀	3,375,229円	×	1,500,000円
死亡逸失利益	21,956,591円	×	21,956,591円
死亡慰謝料	本人28,000,000円／母5,000,000円		28,000,000円
総損害額	58,346,811円		51,471,591円
過失相殺		20% ※1	0% ※2
損益相殺　うち自賠	30,018,790円		30,018,790円
請求額（認容額）	28,328,021円		21,500,000円
備考	※1 夜間。前照灯と22メートルという距離⇒被告車を容易に発見できる状況で横断を開始している。 ※2 判タ【20】参照。夜間＋5、その他の修正はなし。しかし、和解では調整金を加算しない代わりに過失相殺をしない。		

コメント 50歳。外傷性頭頸部損傷により死亡。判タ【20】参照。夜間＋5、その他の修正はなし。しかし、和解では調整金を加算しない代わりに過失相殺をしないとされた。また、逸失利益について、生活費控除 0.4 とした。この事案では、過失割合について強く争われたためか、調整金の不加算と引き換えに過失相殺をしないという考え方をしており、当事者の感情に配慮した提案がなされている。生活費控除率については、扶養家族1名であったため、一般的な原則どおり40％としている。最高裁が、生活費控除は労働力再生産のための必要経費であると考えていることから、扶養家族がいることを根拠に控除率を上げることが許されるのか疑問は残るが、本件では収入も低額であったことから、そのうち40％が労働力再生産のための必要経費と考えるのは妥当であろう。

5-1 過失相殺

(91) 歩行者の赤信号進入か黄信号進入かが争われた事案で、裁判所は赤信号進入として被害者の過失を70%とした事例

事故概要

- 事故日：平成23年2月2日
- 職業等：銀行員
- 年収：524万7,348円
- 症状固定日：平成24年5月31日（31歳）
- 被害態様：
  - 傷病名：高次脳機能障害
  - 通院状況：入院日数 実485日
  - 後遺障害等級：1級1号＋12級5号

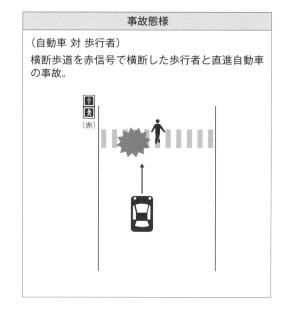

事故態様

（自動車 対 歩行者）
横断歩道を赤信号で横断した歩行者と直進自動車の事故。

和解内容

■ 人身

	原告主張	被告主張	裁判所
治療関係費	11,850円 ※1		○
入通院付添費	3,411,000円		○ ※7
入院雑費	727,500円		○
休業損害	4,068,792円 ※2		6,972,360円
傷害慰謝料	4,498,000円		4,200,000円 ※8
文書	11,850円		○ ※9
車いす、介護車	4,821,668円 ※3		○
後遺障害逸失利益	133,620,354円 ※4		○
後遺障害慰謝料	30,000,000円 ※5		28,000,000円
将来介護費	133,268,070円 ※6		99,473,632円 ※10
家族付添介護料	18,986,136円		○
家族固有慰謝料　計	300万円×5		4,000,000円 ※11
成年後見人報酬	月2万円×12×18.2559		
総損害額			
過失相殺			70% ※12
損益相殺 うち自賠			▲2,903,568円
調整金			11,526,152円
請求額（認容額）			101,320,000円

備 考	【原告】 ※1 すべて労災。 ※2 加えて労災から2,903,568円給付済み。 ※3 耐用年数6年、8回（50年）→買換係数かけて3,657,657円。 ※4 基礎29年で5,200,000円、賃セの1.25倍、6,460,000円の1.25：8,070,000円。 　807万円×1×16.5469（36年）。 ※5 平成23年5月30日生まれの娘に接せられなかった無念。 ※6 2万円×365日×18.2559日（50年）＋家族の付添介護料4,000円×260日（週5日）×18.2559。 　※在宅難しい→施設→病院に見積もり、月749,000円うち食事、私物選択、日常生活用品、テレビ使用、除外で672,525円→日額22,110円→控えめに見て1日2万円 【裁判所】 ※7 和解限り。 ※8 元本2割増し。 ※9 和解で○。 ※10 15,000円／日×49年。 ※11 妻子×2に100万円ずつ、親×2に50万円ずつ。 ※12 赤信号横断。

コメント　横断歩道を赤信号で横断した被害者の過失につき、原告は判タ【10】【11】を用いて30％程度の過失相殺にとどめるべきと主張したが、裁判所は判タ【5】により70％の過失相殺をした。とはいえ、労災と人身傷害保険が併用できたことで損害はほぼてん補されたといえる。損害論としては、将来介護費用につき、職業介護人として1日1万5,000円×365日を認め、家族の付添介護料についても1日4,000円を260日（週5日）を認めており参考になる。

(92)エンジントラブルで路肩に寄った原告車に後続車両が衝突した事案で、過失相殺が20：80と判断された事例

事故概要

■ 事故日：平成25年10月2日
■ その他：物 対 物。

事故態様

（自動車 対 自動車）

白煙トラブルで車を左に寄せて（ただし道路上にはみ出して）停止した原告車に、後続の被告車が衝突。
原告：白煙エンジントラブルで左に寄せて停止。
　　　現場はややカーブ。

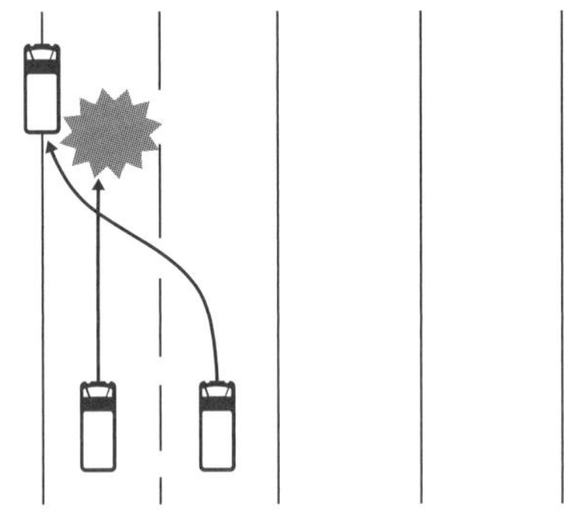

和解内容

■ 物損

	原告主張	被告主張	裁判所
修理費用	3,408,783円		
積荷その他の損害	2,030,000円		
代車費用	282,450円		
総損害額			
弁護士費用	570,000円		
請求額（認容額）	**6,291,233円**		
備　考	路肩停車中なら判タ【327】 20：80。 そうでないなら判タ【320】 40：60。 原告車幅は大きく登坂車線に半分以上はみ出るが可能な限り寄せたといえる→基本30：70（中間）。 それほど見にくくない（カーブといえど）。 白煙はそれ自体異常を知らせるのだから、視認不良事由というべきではない。 判タ【476】①、②参照。 他方、被告は制限60km/hを少なくとも75km/h超で10修正。		

コメント 白煙トラブルで車を左に寄せて（ただし道路上にはみ出して）停止した原告車に、後続の被告車が衝突した事例であり、基本過失割合については、路肩停車中だったといえるか否かで大きく判断が異なるケースといえる。裁判所は、原告車が車線に半分以上はみ出ているものの、可能な限り寄せたことを評価して、中間的に30：70を基本とし、被告が制限速度を15km/h以上オーバーしていたとして20：80とした。なお、被告は原告車から出る白煙で視認不良であったと主張したが、裁判所は、白煙そのものが異常を知らせるものであることから被告に有利に修正するものではないとしており、参考になる。

5-1　過失相殺

(93)免許取得３日後と知りながら自動二輪車に同乗し、２割の好意同乗減額をした事例

事故概要

■ 事故日：平成 20 年 5 月 17 日
■ 事故態様：自動二輪車同乗
■ 職業等：会社員
■ 年収：8,133 円 / 日（30 万 906 円÷ 37）
■ 症状固定日：平成 24 年 1 月 21 日（21 歳）
■ 被害態様：
- 傷病名：右橈骨骨幹部・遠位端・右尺骨骨幹部開放・顔面骨骨折、歯牙欠損、右ひざ打撲、頸部胸部臀部打撲
- 通院状況：入院日数　56 日（ギブス 213 日・入院含む）
　通院日数　実 63 日
- 後遺障害等級：併合 11 級
　右手（12 級 13 号）、顔面線状痕（14 級 10 号）、右ひじ可動域（12 級）、歯牙（14 級 2 号）

■ その他：被告は免許取得 1 年未満、事故 3 日前に取得。初の運転。エンスト繰り返す。暴走族の会合に行くところ。

和解内容

■ 人身

	原告主張	被告主張	裁判所
治療関係費	3,984,642 円	○	○
入院雑費	84,000 円	○	○
通院交通費・宿泊費等	48,990 円	○	○
装具・器具等購入費	38,260 円	○	○
休業損害	2,981,316 円		1,726,108 円 ※ 1
傷害慰謝料	2,170,000 円		2,090,000 円 ※ 2
後遺障害逸失利益	18,703,299 円		13,730,486 円 ※ 3
後遺障害慰謝料	4,200,000 円	3,000,000 円	○
総損害額			
過失相殺	0%	30%	20% ※ 4
損益相殺	9,020,604 円	○	○
うち自賠	3,310,000 円		
弁護士費用	2,300,000 円		
請求額（認容額）	**25,489,903 円**		**14,000,000 円**
備　考	※ 1 原告の基礎収入についてなお検討の余地はあるが、和解に限り証拠の休損の額を計上する。 ※ 2 入院 56 日、通院 63 日、ギブス 213 日（入院日含む）を前提に通院の 3.5 倍とギブス固定日数の合計を通院日数と想定し算定。 ※ 3 原告は中卒の若年者であるから基礎収入は症状固定時の H24 の賃セ男子中卒全年齢の 383 万 9,600 円とする。併合 11 級なので、20%、67 歳までの 46 年のライプニッツ係数で計算。 ※ 4 事故の状況につき、立証の問題はあるが、原告においても危険な走行がされることは承知していたものと認め、和解に限り 2 割の好意同乗減額をする。		

コメント 免許取得3日後の仲間のバイクに乗り、運転者の技術不足で事故に遭った事案である。免許取得後1年は2人乗りが禁止されていること、そもそもいわゆる暴走族の会合への参加のために同乗していたことから、危険な走行をすることは受け入れていたとし、2割の好意同乗減額をした。結論は妥当ではないかと思われる。

5-1　過失相殺

(94)歩行者の飲酒を認定し過失を比較的重く認めた事例

事故概要

- 事故日：平成 25 年 3 月 13 日
- 年収：国民年金 148 万 900 円
  厚生年金 60 万 3,500 円
- 症状固定日：即死（70 歳）
- 被害態様：
  - 傷病名：頭がい骨骨折

事故態様

（自動車 対 歩行者）

路側帯を歩行中の原告に車が突入していった（原告側主張）。

⇒被告は、原告がふらついていたことや路側帯を歩いていなかったことを反論。2 割の過失相殺を主張。

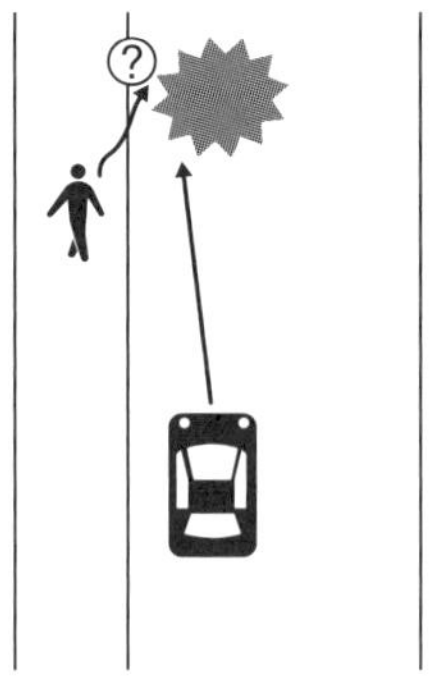

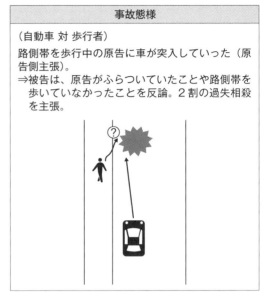

和解内容

■ 人身

	原告本人	相続人　妻／子 4	裁判所
治療関係費	40,000 円		
文書料	4,450 円		
死亡慰謝料	24,000,000 円		
葬儀費用	1,500,000 円		
固有の慰謝料		2,000,000 円（妻） 1,000,000 円（1 人当たり）	
後遺障害逸失利益	12,379,585 円		
総損害額			
請求額（認容額）	**48,294,033 円**		**36,000,000 円**

コメント　和解案について詳細な内訳が示されていないため、詳細はわからないが、歩行者と自動車の事故において、歩行者がふらついていたか否かが争われていた事案について、歩行者のふらつきを認め、これに対して約 2 ～ 3 割の過失を認めたと思われる。判タでは歩行者のふらつきについて、5 ～ 10％の過失認定にとどまるので、比較的重い認定になっているといえる。

(95)渋滞する隣の車線からの対向右折車との事故につき、直進車に15%の過失を認定した事例

事故概要

- 事故日：平成24年6月21日
- 職業等：外勤営業
- 年収：365万8,489円
- 症状固定日：平成25年1月8日（55歳）
- 被害態様：
  - 傷病名：頸部挫傷、右肘挫傷、胸部打撲、腰椎捻挫
  - 通院状況：入院日数　2日
    通院日数　実34日

事故態様

（自動車 対 自動車）
交差点の出会い頭の事故。

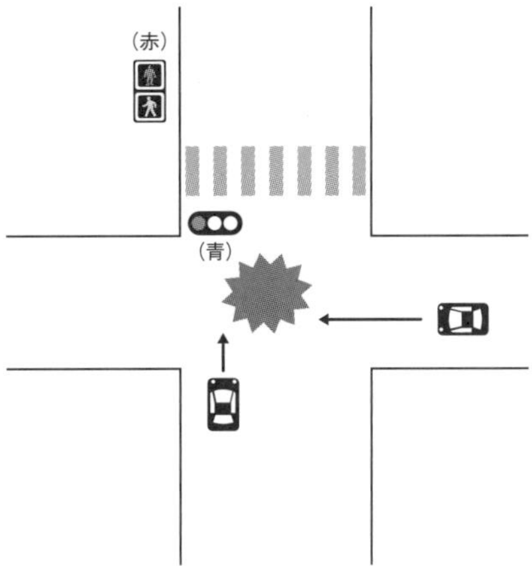

和解内容

■ 人身

	原告主張	被告主張	裁判所
治療関係費	461,280円		461,280円
入院雑費	3,000円		3,000円
通院交通費・宿泊費等	3,020円		3,020円
休業損害	126,004円		126,004円
傷害慰謝料	1,215,500円		935,000円 ※1
メガネ	19,650円		19,650円
文書料	6,410円		6,410円
物損買替諸費用	74,065円		43,225円
総損害額	**1,908,929円**		**1,597,589円**
過失相殺			10% ※2
損益相殺 うち自賠	▲490,360円		▲490,360円
弁護士費用	134,450円		
調整金			52,530円
請求額（認容額）	**1,553,019円**		**1,000,000円**
備　考	※1 入院2日、通院実日数34日を前提に赤い本別表Ⅰを参照。		

備　考	※2 本件交差点は、原告走行道路（以下原告道路）を規制する車両用信号機が設置されているが、被告走行道路（以下被告道路）には、車両用信号機がなく、押しボタン式の歩行者用信号が設置されているのみであり、被告道路を走行する車両との関係では信号機による規制はされていないことになるから、被告車は信号の表示のいかんにかかわらず、本件交差点に進入することができる。 したがって、原告道路を走行する車両は対面信号機が青色表示であったとしても被告道路から進入する車両の有無に注意すべき義務があったというべきである。もっとも本件交差点は原告道路から見て対面信号が押しボタン式信号になっている旨が表示されておらず、交差道路が信号機によって規制されているか否かが容易に認識し難い面もあり、原告道路を直進する車両としては対面信号が青色表示であることを信頼して減速せずに、本件交差点に進入するのが通常と解される。 また被告は「赤色歩行者用信号機を認め、アクセルペダルから足を離した」がその後本件交差点の手前で進路前方を見ながら直進して本件交差点に進入し、速度は25〜30km/hであったと認められるから被告車両は交差道路が広路であるにもかかわらず、必要な減速をせずに本件交差点に進入したものと評価するのが相当である。 そこで対面信号が青色表示であった原告に対して、本件交差点に進入する際に減速することを求めるのは酷であること、被告は歩行者信号が赤であることを認識しており、原告道路を直進車が減速せずに通過することが容易に想像できたといえること、にもかかわらず、被告は十分に減速せずに交差点に進入したことを考慮し、判タ【104】【105】を参照し10：90。

■ 物損

	原告主張	被告主張	裁判所
時価額	630,000 円		602,000 円
レッカー代	56,595 円		56,595 円
代車費用	97,125 円		50,505 円 ※3
総損害額	783,720 円		709,100 円
過失相殺			10%
請求額（認容額）	783,720 円		638,190 円
備　考	※3 原告らの主張によれば、代車は外勤営業のために必要であったのであるから、少なくとも本件事故から休業期間末日である平成24年7月8日までは代車の必要性を認めることはできない。 したがって、代車期間は同月9日から21日までの13日間と認め代車日額は3,885円と認め、代車費用を50,505円の限度で認める。		

コメント　一方が歩行者用信号機のみ、もう一方が車両用信号機が設置されている交差点における事故で10：90を認定した事例。もっとも、車両用信号機が設置されている側から、交差する道路が歩行者用信号機しかないことが認識し難いこと、歩行者用信号機しか設置されていない道路を走行していた車両がその信号が赤であることを認識していたこと等、個別具体的な事情を考慮して過失割合を認定しているので、その点は注意を要するであろう。

5-1　過失相殺

(96)自損事故で停止しかけているところに追突され過失割合 40：60 の事例

事故概要

■ その他：A 勤務の会社と会社付保の保険会社が B の使用者である会社に対し、損害賠償請求している事件。

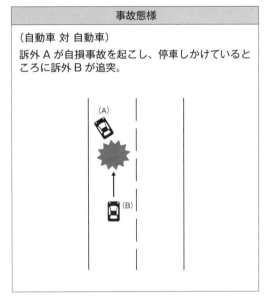

事故態様

（自動車 対 自動車）

訴外 A が自損事故を起こし、停車しかけているところに訴外 B が追突。

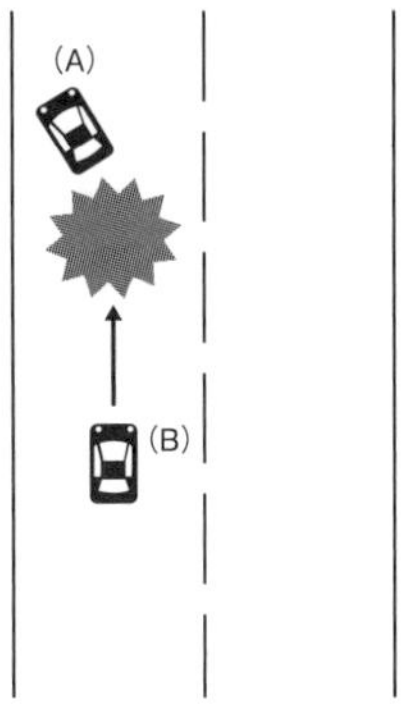

和解内容

■ 物損

	原告主張	被告主張	裁判所
修理費用	2,866,720 円		2,850,688 円 ※ 1
積荷損害	131,809 円		39,542 円 ※ 2
レッカー代	49,350 円		24,675 円 ※ 3
第三者損害	100,000 円		※ 4
総損害額	**3,147,879 円**		**2,914,905 円**
過失相殺	20%		40%
調整金			
請求額（認容額）	**2,518,303 円**		**1,848,943 円 ※ 5**
備　考	これとは別に保険会社が B の会社に対し第三者損害として 336,347 円（過失相殺後 269,077 円）を請求し、261,807 円を損害として、その後第三者損害の 6 割から免責 10 万円を差し引いた 57,084 円の請求を認めた。 ※ 1 リアボディ（工賃込 284 万円）については後方から直接衝突した第二事故の影響が大きいと考えられることから、寄与度を 8 割とする。その余（289 万 3441 円）については、第一事故の内容等を勘案し、第二事故の寄与度を 2 割とする。 ※ 2 損傷した商品の内容及び損傷状況が不明なこと、原告の判断で商品を廃棄していることに照らし、請求額の 3 割とする。 ※ 3 和解案としては半分とする。		

5
過失相殺・素因減額

| 備　考 | ※4　直接の接触があったのは第一事故であること、第二事故による損害の拡大状況が不明であることからすれば、第二事故による損傷を総損害の3割（26万1,807円）とする。これに過失相殺をすると15万7,084円となり、免責額10万円を超える。よって、免責額10万円が損害となる（ただし計算が他の費目と異なるため、ここでは計上せず、過失相殺後の他の損害に10万円を加算する）。
※5　第三者損害を除く損害の6割（174万8,943円）に第三者損害の免責額10万円を加算した額。 |

コメント　自損事故により停車しかけている自動車と後続車両の追突事故につき、判タ【320】を採用し、過失割合を40：60とした事例。判タ【320】は高速道路上において、過失等により本線車道等に駐停車した自動車に対する追突事故についての過失割合を示したものだが、自損事故によって駐停車しかけている事案においても、この類型を適用できるという点で参考になる和解案といえる。

5-1　過失相殺

(97)歩行者用信号に車両が従う必要はないものの減速していないこと等により過失を 80%認定した事例

事故概要

■ 事故日：平成 24 年 4 月 4 日
■ 職業等：警備会社
　　　　　クリーニング店
■ 症状固定日：平成 25 年 7 月 8 日（54 歳）
■ 被害態様：
- 傷病名：左脛骨腓骨遠位端骨折、頭部打撲、外傷性頸部症候群、胸部打撲、右下腿打撲
- 通院状況：入院日数　56 日
　　　　　　通院日数　実 201 日
- 後遺障害等級：労災 12 級 7 号
　　　　　　　　機能障害

事故態様

（自動二輪車 対 自転車）

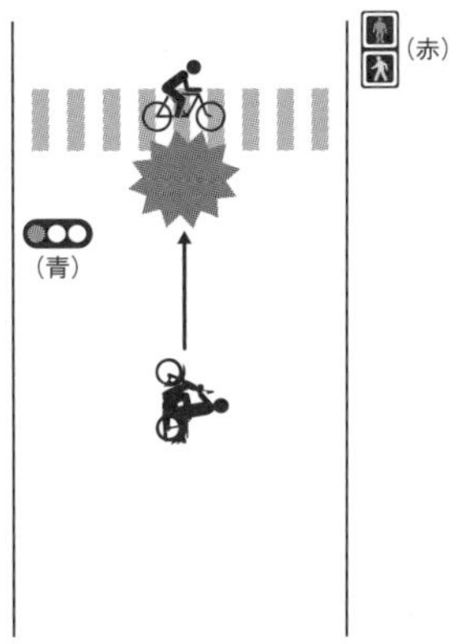

和解内容

■ 人身

		原告主張	被告主張	裁判所
治療関係費		4,534,610 円		4,534,610 円
入院雑費		84,000 円		84,000 円
通院交通費・宿泊費等		146,090 円		146,090 円
休業損害（警備会社）		3,549,239 円		3,549,239 円 ※ 1
休業損害（クリーニング店）		460,570 円		0 円
傷害慰謝料		2,495,600 円		2,200,000 円
診断書作成料		10,500 円		10,500 円
後遺障害逸失利益		5,987,235 円		3,104,491 円 ※ 2
後遺障害慰謝料		2,900,000 円		2,900,000 円
実況見分調書謄写		375 円		375 円
総損害額		**20,168,219 円**		**16,521,606 円**
過失相殺		0%		20% ※ 3
損益相殺 うち自賠	労災療養	▲ 4,289,960 円		▲ 4,289,960 円
	労災休損	▲ 2,006,790 円		▲ 2,006,790 円
	人傷	▲ 1,765,564 円		▲ 1,765,564 円
弁護士費用		1,234,077 円		
調整金				178,938 円
請求額（認容額）		**13,574,848 円 （物損含む）**		**6,000,000 円 （物損含む）**

| 備考 | ※1 基礎収入が日額7,699円であることは当事者に争いがない。休業日数460日（事故発生日は時間が午後11時35分なので除外）。
※2 基礎収入は警備会社で年収224万210円（争いない）。喪失率14%期間14年は争いない（固定時54歳　平成24年生命表による余命28.11）。喪失率につき原告は27%と主張するが認めるに足りる根拠はない。
※3 原告が運転する自動二輪車が本件交差点を信号で通過直進していたところ、本件交差点横断歩道付近で横断しようとした被告自転車に衝突（判タ【296】）。なお【296】は横断歩道を横断している図であるから【5】【23】のように横断歩道を横断している場合とその付近を横断している場合では異なる取扱いをするものではないから、本件も【296】と同様である。また被告自転車が赤信号で横断しようとしたかは今後の主張立証にもよるが、原告二輪車が本件交差点を青信号で通過して数秒で衝突していることから、現時点の証拠によれば被告自転車が赤信号で横断しようとしたことがうかがわれる。なお被告は路外からの進入に関する【300】による過失割合を主張するが、衝突時点が本件交差点の横断歩道付近であること、原告二輪車が本件交差点を青信号で通過したことが十分に斟酌されておらず、これを直ちに用いることには疑問がある。被告は夜間で自動車及び自動二輪車の運転者から自転車が視認しにくくなるにもかかわらず、逆走に近い状態で斜め横断しようとしており、信号に従って、横断歩道を横断すれば容易に本件事故を回避する余地があったのであるから、被告の過失は重大である。他方原告にも自転車等が駐車車両の背後から飛び出してくる可能性があることを予見して減速するなどして慎重に走行すべきだったのにこれを怠った過失がある。以上を考慮して、現時点における過失割合は20%とするのが相当である。 |

■ 物損

	原告主張	被告主張	裁判所
修理費用	201,266円		201,266円
保管料	33,600円		33,600円
総損害額			
過失相殺			20%
請求額（認容額）			

コメント　横断歩道を赤信号で自転車が走行し、それと垂直方向に青信号で通過した自動二輪車が衝突した事故において、青信号で走行した自動二輪車に対しても自転車等が飛び出してくる可能性を予見し、慎重に走行すべきだったのに、これを怠った過失があるとして20%の過失を認定している。判タ【296】をベースとしつつ、自転車が斜め横断を行った等の事情から20：80に修正したものと思われる。

5-1　過失相殺

(98)渋滞中の車両間を右折する四輪車と、直進自動二輪車の事故で、自動二輪車の過失を 15%にとどめた事例

事故概要

■ 事故日：平成 25 年 9 月 3 日
■ 症状固定日：平成 26 年 7 月 8 日（61 歳）
■ 被害態様：
- 傷病名：外傷性頸椎症性神経根症、頸椎捻挫、両膝打撲、背部筋挫傷
- 通院状況：通院日数　実 122 日

■ その他：物損：メルセデス・ベンツ E350
平成 23 年 12 月 28 日登録、5,312 キロメートル走行。

事故態様

（自動車 対 自動二輪車）
判タ【217】の車同士。

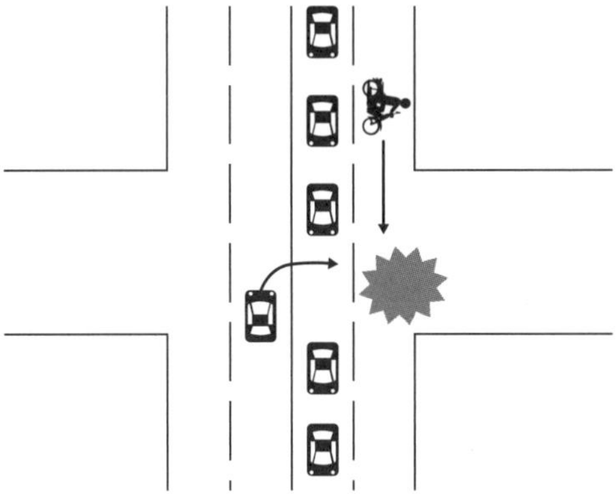

和解内容

■ 人身

	原告主張	被告主張	裁判所
治療関係費	18,720 円		18,720 円
通院交通費・宿泊費等	44,600 円		44,600 円
傷害慰謝料	1,136,667 円		1,130,000 円
文書料	7,770 円		7,770 円
総損害額			
過失相殺			15% ※ 1
弁護士費用	385,000 円		
請求額（認容額）	**1,207,757 円**		**2,860,882 円（物損含む）**
備　考	※ 1 原告車は、右折車を予見できなかったと主張するが、右側車線の渋滞車列を追い抜きながら交差点を進行するに当たり交差点の左方に二又の道路が続いていること、右側車線に停車する車両が右折車のために前車との車間距離を空けていたこと、被告車両が左側前部ドア部まで先進した事故であること（衝突部位により認められる）に照らし、原告車が交差点を進行するに当たり対向車線から右折してくる車の有無など交差点内の安全を確認しながら危険に対応できる速度で走行していれば回避できたことが認められ、原告車に過失が認められる。その一方で、被告車は対向 2 車線を横断して狭路に向かい右折するに当たり、直進車の進行を妨害してはならないにもかかわらず、直進車の有無を確認せずに対向車線内に進入した過失がある。特に被告にとって見通しが悪い原告走行車線は、当該車線を走行する車両からも被告車を見通すことが困難なのであり、慎重な確認が必要である。被告の過失の程度は直進車が交差点進入前から対向右折車の存在を見通すことが可能な場合に比べても重く、原告車と被告車の過失割合を原告 15%、被告 85%とする。		

■ 物損

	原告主張	被告主張	裁判所
時価額	1,755,684 円		1,755,684 円
評価損	877,842 円		526,705 円
総損害額			
過失相殺			15%
被告車両修理費			▲619,920 円
第三者損害			▲47,250 円
過失（85）減額後			▲100,075 円
請求額（認容額）			

コメント 渋滞中の車両間の事故（判タ【217】）の自動二輪車対自動車の事案である。これについて、裁判所は直進車：右折車＝15：85の過失割合とした事案である。自動二輪車と自動車の同様の事故態様について判タ【217】は、直進車両：右折車＝30：70の基本過失割合を認定している。通常、自動二輪車と自動車を比較すると自動二輪車に対し、過失認定を甘くする傾向にあるが、今回、こういった過失割合の認定となったのは、見通しが悪いにもかかわらず、右折車が何らの注意もせずに渋滞車両の中を右折したためであろうか。

5-1　過失相殺

(99)横断歩道上の自転車に自動車が衝突し脇見運転の修正がされた事例

事故概要

- 事故日：平成 25 年 2 月 28 日
- 職業等：居酒屋店員
- 年収：8,800 円 / 日（事故前 3 か月平均）
- 症状固定日：平成 25 年 9 月 28 日（26 歳）
- 被害態様：
  - 傷病名：頸椎捻挫、右肘打撲捻挫、左足関節打撲捻挫
  - 通院状況：通院日数　実 132 日
  - 後遺障害等級：非該当

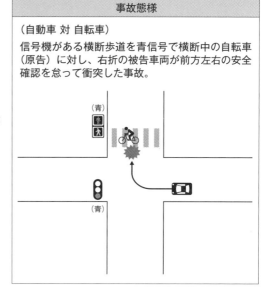

事故態様

（自動車 対 自転車）

信号機がある横断歩道を青信号で横断中の自転車（原告）に対し、右折の被告車両が前方左右の安全確認を怠って衝突した事故。

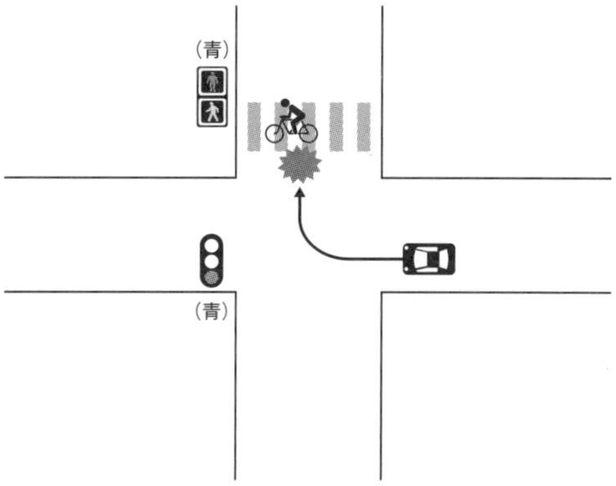

和解内容

■ 人身

	原告主張	被告主張	裁判所
治療関係費	782,882 円		782,882 円
通院交通費・宿泊費等	111,160 円		111,160 円
休業損害	1,874,400 円		1,161,600 円 ※ 1
傷害慰謝料	1,500,000 円		970,000 円 ※ 2
印鑑証明書代	300 円		300 円
総損害額			
過失相殺	0%		5% ※ 3
損益相殺 うち自賠	▲ 1,278,842 円		▲ 1,278,842 円
弁護士費用	290,000 円		0 円
調整金			54,197 円
請求額（認容額）	**3,279,900 円**		**1,650,000 円**
備　考	※ 1 原告主張は平成 25 年 9 月 28 日症状固定。 基礎収入 8,800 円、休業期間 213 日。 裁判所は、和解限りで基礎収入を原告主張の 8,800 円とし、休業期間を実通院日数とした。 ※ 2 原告は脇見運転を指摘して慰謝料増額を主張。 裁判所は、通院 7 か月、赤い本別表Ⅱで計算。 ※ 3 判タ【297】で基本 10%、脇見運転でー 5。そもそも脇見の前方不注視で横断する原告を見ていないため、一時停止義務違反は別個の過失にならない。		

コメント 脇見で前方不注視の場合、一時停止義務違反は別個の過失を構成しないと判断した。加害者が起訴されない場合、刑事記録として実況見分調書しか出てこないことが多く、そのため、脇見などの細かい事情の立証には骨が折れるところである。

⑩⓪車線変更車と直進車の事故につき、直進車の過失をゼロとした事例

事故概要

■ 事故日：平成 26 年 3 月 30 日

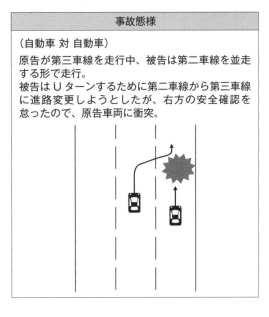

事故態様
（自動車 対 自動車） 原告が第三車線を走行中、被告は第二車線を並走する形で走行。 被告はＵターンするために第二車線から第三車線に進路変更しようとしたが、右方の安全確認を怠ったので、原告車両に衝突。

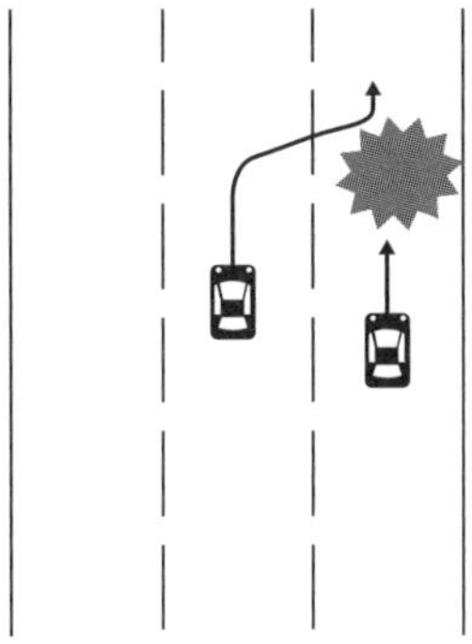

和解内容

■ 物損

	原告主張	被告主張	裁判所
修理費用	1,569,488 円		1,569,488 円
評価損	470,846 円		0 円
総損害額			
過失相殺			0% ※ 1
弁護士費用	204,033 円		0 円
請求額（認容額）	**2,244,367 円**		**1,569,488 円**
備　考	※ 1 被告車両は本件事故直前に減速しながら左へ進路変更を行ったものであるが、原告車両は、進路変更した被告車両に追突したものではなく、直進中に被告車両から原告車両に向かって衝突してきた関係にあるものと認められ、原告にとって回避不可能だったとみる余地がある。また本件事故当時、原告車両が著しく高速度で走行していたとも認め難い。 これに対し、被告は真横を直進走行中の原告車両の側面後方に被告車両を衝突させたのであるから、進路変更を行うに当たっての後方ないし側方の安全確認が不十分であったことは明白というべきである。そこで、なお検討の余地はあるが、和解では過失相殺はしないこととする。		

コメント　進路変更車と直進車の事故につき、直進車両である原告及び進路変更車両である被告双方の過失を認定したうえで、過失相殺を行わなかった和解案であり、参照すべき和解案といえる。

5-2 素因減額

(101)胸椎圧迫骨折（変形11級）の62歳女性の骨粗鬆症の既往歴を素因としなかった事例

事故概要

■ 事故日：平成24年12月25日

■ 事故態様：自動車 対 自動車
　　　　　　追突

■ 職業等：建設会社事務（60歳時に就職、70歳までの雇用が約束されていた）

■ 年収：560万円

■ 症状固定日：平成25年8月28日（62歳女性）

■ 被害態様：

- 傷病名：頸椎捻挫、第3胸椎圧迫骨折
- 通院状況：入院日数　24日
　　　　　　通院日数　実247日
- 後遺障害等級：併合11級（11級7号と14級9号）
- 既往症：骨粗鬆症、第7胸椎脆弱性骨折（平成21年7月）

■ その他：後遺障害診断書上、自覚症状は頸部痛の記載のみ、被告はこれを根拠に逸失利益につき5％5年を主張。

和解内容

■ 人身

	原告主張	被告主張	裁判所
治療関係費	1,817,160円		○
入院雑費	36,000円	○	○
通院交通費・宿泊費等	64,638円	○	○
損害賠償請求関係費用	7,350円	○	○
休業損害	400,000円	×	400,000円 ※1
傷害慰謝料	1,560,000円	×	1,500,000円 ※2
その他	74,025円	○	○
後遺障害逸失利益	7,238,784円		4,849,040円 ※1
後遺障害慰謝料	4,200,000円	○	○ ※2
総損害額			
素因減額	0%	50%	0% ※3
弁護士費用	1,350,000円	×	
小計			12,803,873円
調整金			※4
請求額（認容額）	**14,930,797円**		**14,000,000円**

備　考	※1 原告は本件事故により頸椎捻挫、第3胸椎圧迫骨折の傷害を負い、これにより脊柱の変形障害（11級7号）、頸椎捻挫（14級9号）の後遺障害が残存した。変形の程度は軽度の楔状骨折であり、第2胸椎と比べ前方が76％に減少。以上を前提に、年齢、性別（女性）等を考慮すると、障害が及ぼし得る将来の胸椎後弯への影響など不確定な要素があることは否定できない。そして頸部痛の後遺障害が残存していること、原告の職業、就労実績、仕事の内容と具体的な影響、就労期間の立証状況（収入、職歴、平均余命の1/2とのバランス）等を考慮し、和解においては、5年間20％、3年間14％（7割相当）として算入する。基礎収入は原告主張どおり。 ※2 追突という事故態様、受傷内容、入通院経過、後遺障害の内容、程度等を考慮。 ※3 骨粗鬆症及び4既往（別部位のT7圧迫骨折）による50％の素因減額の主張については、原告の年齢、性別、骨粗鬆症に関する当事者双方の立証状況に照らしても判例上減額を認め得る身体的素因に当たらない。 ※4 総額1,400万円に満つるまで計上。

コメント　骨粗鬆症等の既往症を持つ女性の胸椎圧迫骨折による変形障害につき、その逸失利益及び素因減額の当否が争いになった事案である。前者においては、年齢や性別、また、具体的な就労状況から、最初の5年を11級どおりの20％、残りの3年を約7割の14％で、逸失利益を認めた。後者については、原告が女性であり、60歳を超える年齢であることから、素因には当たらないとした。

5-2　素因減額

(102) 頸椎・腰椎捻挫につき後遺障害非該当の判断がされるも、7か月の治療期間及び休業期間が認められた事例

事故概要

■ 事故日：平成 24 年 5 月 27 日
■ 事故態様：自動車 対 自動車
　　訴外 A 運転の車に原告同乗。十字路で左方からの被告車に左側面を当てられる。
■ 職業等：調理のケータリングサービス（事故後廃業）
■ 年収：771 万 6,802 円
■ 症状固定日：平成 24 年 12 月 28 日（51 歳）
■ 被害態様：
- 傷病名：頭部打撲、頸椎・腰椎捻挫
- 通院状況：通院日数　病院実約 60 日　整骨院実約 80 日
- 後遺障害等級：なし
- 既往症：被告からは慢性腰痛の主張。

和解内容

■ 人身

	原告主張	被告主張	裁判所
治療関係費	1,314,119 円		○
通院交通費・宿泊費等	308,440 円		71,900 円 ※ 1
休業損害	6,786,261 円		1575350 円 ※ 2
傷害慰謝料	1,505,400 円		970,000 円 ※ 3
総損害額			
素因減額			なし ※ 4
損益相殺 うち自賠	▲ 3,105,704 円	○	○
弁護士費用	680,000 円		
調整金			104,255 円
請求額（認容額）			**930,000 円**
備　考	※ 1 タクシーの必要性は認め難く、公共交通機関利用の場合の交通費の限度で計上する。 ※ 2 基礎収入は事故当時の年収からすると、月 64 万 3,000 円となる。症状固定までの 7 か月を休業期間とし、原告の傷害内容、程度、生活状況、実通院日数を考慮すると、全休の必要性は認め難く、和解においては 35% を休業の割合とする（なお、平成 24 年 5 月 27 日から 7 月 23 日までの 53 日間の休業の必要性は争いがなく、その期間分の休業損害としては 122 万 6,178 円）。 （計算式）643,000 円× 7 か月× 0.35 ＝ 1,575,350 円 ※ 3 赤い本別表Ⅱ、7 か月。 ※ 4 通院長期化に原告の慢性的な腰痛が寄与しているとの被告の主張は、証拠では認定できない。		

コメント 非該当ではあるものの、治療期間7か月の休業の必要性を認めた（ただし、全休ではなく35％）。なお、原告は、事故から11か月間の治療期間を主張していたものの、通院の中断等があり、7か月の認定にとどまった。被告から原告の腰痛の素因が主張されたものの、裁判所はこれを認めなかった。そもそも素因減額の論理的問題点を踏まえると、安易な素因減額は避けたいところである。

5-2 素因減額

(103) ぎっくり腰の既往がある腰椎捻挫被害者に10%の素因減額を肯定した事例

事故概要

- 事故日：平成25年7月18日
- 事故態様：自動車 対 自転車
- 職業等：会社員
- 年収：680万6,347円
- 症状固定日：平成26年3月31日（42歳）
- 被害態様：
  - 傷病名：腰椎椎間板症、腰椎捻挫
  - 後遺障害等級：14級9号
  - 既往症：ぎっくり腰

和解内容

- 人身

	原告主張	被告主張	裁判所
治療関係費	42,770円	平成25年8月まで	42,770円 ※1
通院交通費・宿泊費等	36,120円	平成25年8月まで	36,120円 ※1
傷害慰謝料	1,357,100円	平成25年8月まで	890,000円 ※2
後遺障害逸失利益	2,627,828円 5% 10年	5年分	1,503,407円 ※3
後遺障害慰謝料	1,100,000円		1,100,000円
総損害額			
過失相殺		35%	10% ※4
素因減額			10% ※5
損益相殺 うち自賠	▲1,568,290円	▲1,568,290円	▲1,568,290円
弁護士費用	350,000円		
調整金			74,730円
請求額（認容額）	**3,945,528円**	0円	**1,400,000円**
備　考	※1 症状固定日は傷害の内容、通院状況、治療内容、症状の経過、診療録の平成25年12月5日の欄に「1月症状固定？？」との記載があることを考慮し、事故から6か月後の平成26月1月18日とする。しかし実損であること、請求額が多額ではないこと等を考慮し、治療費、通院交通費については、和解として請求額を認める。 ※2 傷害内容、症状固定日までの通院期間、状況等を考え、89万円とする。 ※3 基礎収入6,944,947円×5%×5年。 ※4 幅員からして、原告走行路を優先道路とすることはできない。アイコンタクトをとったと認めるに足りる証拠がない。修正要素がない。 ※5 ぎっくり腰の既往歴があること、事故時車に接触しておらず、ふんばったことによる傷害にしては、症状が重いし、後遺症も生じた。他方、事故時にはぎっくり腰の症状はなく通院もしていなかったこと、和解案では固定日を平成26年1月18日としたことなどを考慮し1割の素因減額をする。		

コメント 腰椎椎間板症・腰椎捻挫によって14級が認定された事案において、ぎっくり腰の素因があることから、10％の素因減額を認めた事案。もっとも、ぎっくり腰の既往症があることから直ちに10％の素因減額を認定したのではなく、事故態様や傷病の状態、事故前の通院の有無等、具体的な事情を総合考慮して10％の素因減額を認定しているという点には注意が必要であろう。

6. 物損

　物損については、主として評価損の相場勘を養うために和解例調査を行った。裁判例においては、修理費の何割といった認定がされていることが多いという感覚であったが、査定協会等において査定された評価損は比較的そのまま損害認定されていることが多いと感じた。

　確かに、評価損の何割というのは一般市民にとって理解し難い認定方法であるのに対して、査定というのはその妥当性はおくとしても非常にわかりやすい方法といえる。裁判所としても、査定額が積極的に争われない（単純な否認にとどまる）場合には採用しやすいという側面もあるだろう。弁護士費用特約がある場合には査定費用を気にしなくてよいことが多いであろうし、評価損が認定される場合には査定費用は相手方に対しても請求できる費用であるとされることも多いので、評価損が問題となりそうなケースでは、査定を積極的に検討したいところである。

　また、物損で争点となりやすいものとして代車費用がある。代車費用については2週間程度が目安とされるとされているが、具体的事情を主張立証して、40日以上の代車費用が認められているケースもあった。また、双方に50日以上の代車費用を認めている例などは、和解の柔軟性をいかした終結方法だったのではないかと推察される。

6　物損

⑩④登録18年の外国車について事故直前の査定額からの減額分につき、評価損を一部肯定した事例

事故概要

■ 事故日：平成23年9月13日

■ その他：平成23年8月30日に原告はAに170万円で売る契約をし、9月17日頃引き渡す予定だった。修理も本国から取り寄せが必要で2年かかった→現状30万円の価値しかない。
事故後2年内で1,500キロメートル走行。
訴訟前に原告から170万円で原告車と引換えに、と提案したが、被告が応じなかったという交渉経緯あり。

和解内容

■ 物損

	原告主張	被告主張	裁判所
修理費用	527,202円		○
買い替え差額	1,400,000円		140,000円 ※1
保管料（駐車場代）	477,000円		× ※2
自動車税	138,541円		× ※3
任意保険料	32,039円		× ※3
総損害額			
過失相殺	0%		
調整金			32,798円
請求額（認容額）	**2,574,782円**		**700,000円 ※5**
備　考	※1 原告車（外国車初登録平成5年9月　走行距離56,914キロメートル）の本件事故後のAとの売買契約（平成23年8月20日）（引渡し期限平成23年9月17日、特記事項に修理歴が発覚した場合には車両返却、との記載）の売却価格は170万円。提出書類を前提とする限り、本件事故後上記契約はAにより解除され、平成23年9月中旬頃にBにおいて修理のため引取りの後、平成10年4月頃一部未修理のまま原告に引渡しとなり、平成25年8月に車検満了となった後（その間原告において1500キロメートル走行）、10月16日に現行部品による修理のための引取りがされ、修理後の原告車（純正外部品使用、リアフォグなし、無車検）のBの平成26年7月10日付買取価格は30万円とされたこと、現在Bにおいて保管中であることが認められる。 上記の経緯を前提に検討すると、原告車の減価の原因には、Aの解除までの交渉、修理内容、車検満了等の要因も考えられるうえ、Bの買取価格が直ちに中古車市場における時価額の裏付けになるとも言い難く、原告が修理を選択した後の事情による減額金を本件事故による損害として認めるのは困難である。 和解においては、原告車の種類、損傷の部位、程度及び修理内容に鑑み（なお、事故前に売却合意があった場合において、事故後直ちに修理を行ったときの車両損害は、事故前の買取価格から事故後修理前の車両時価額を差し引いた額を上限として、修理費用ないし修理によって回復した価値部分を除いた額により算定することとなることも踏まえ、）、減価分のうち14万円の限度で和解を提示する。 ※2 駐車場の契約内容及び修理の経過に照らしても平成25年10月末までの使用料を相当因果関係のある損害ということはできない。		

備考	※3 修理中の自動車税及び自動車保険料を本件事故と相当因果関係のある損害ということはできない。 ※4 本件事案の損害項目についての立証の程度に照らし、物損であることを踏まえても、70万円に達するまでの調整金を計上する。

コメント 売却価格170万円が予定されていた車両が事故に遭い、売却できなくなった事案である。事故前査定は170万円であったが、3年後の査定が30万円となり、その差額が損害として主張された。裁判所は、事故から長期間経過していることや、事故以外の要因での価格下落の可能性を指摘し、買い替え差額として14万円を認定した。登録後相当年数経過している中古車について評価損を認めている点で特徴的である。事故直前に査定がされている本件の事情の下では、妥当な結論といえよう。

6 物損

(105)登録15年経過の高級外国車に評価損1割のほか代車費用94日を認定した事例

事故概要

■ 事故日：平成25年10月26日
■ 事故態様：自動車 対 自動車

和解内容

■ 物損

	原告主張	被告主張	裁判所
時価額	1,225,770円		1,225,770円
評価損	360,000円		120,000円 ※1
保管料	170,100円		170,100円 ※2
代車費用	394,800円		394,800円 ※3
総損害額	**2,150,670円**		**1,218,399円**
過失相殺	0%		30%
弁護士費用	215,067円		
調整金			31,601円
請求額（認容額）	**2,365,737円**		**1,250,000円**
備　考	※1 平成9年登録外国車。平成9年登録だが人気がある型式であり、日本に15～17台しかなく、中古でも500万円は下らないことを考慮し10%。 ※2 3,000円×54日。 ※3 平成25年10月26日～平成26年1月27日（94日）、外国車。		

コメント 物損事案。登録平成9年の15年経過の高級外国車について、人気があり、日本に15～17台しかなく、中古でも500万円は下らない車両であると認定のうえ、評価損を1割認めた。登録から15年という長期間が経っている自動車であっても、その車種の流通状況や中古車市場での一般的な価格によっては評価損を認めるという柔軟な心証形成がうかがわれ、参考になる。なお、代車費用についても通常より長めの期間認められている。

6　物損

(106)定率法を用いて原告修理見積りよりも低い修理費用を認定した事例

事故概要

■ 事故日：平成 25 年 10 月 16 日
■ 事故態様：自動車 対 自動車

和解内容

■ 物損

	原告主張	被告主張	裁判所
時価額	1,050,000 円		362,493 円 ※ 1
代車費用	1,360,800 円		315,000 円 ※ 2
総損害額	**2,410,800 円**		**677,493 円**
弁護士費用	230,000 円		
請求額（認容額）	**2,640,800 円**		**677,493 円**
備　考	※ 1 新車価格 3,441,000 円（平成 6 年 4 月登録）、事実上の使用期間 20 年（定率法 0.109 とし、19.5 年経過したものとして）3,441,000 円× 0.891 の 19.5 乗＝ 362,493 円。 ※ 2 9,600 円× 35 日。		

コメント　新車価格に対し、事実上の使用期間 20 年（定率法 0.109 とし、19.5 年経過ものとして）計算した。計算式は、新車価格× 0.891 の 19.5 乗。原告主張は修理見積りで裁判所の認定額より高額であるが、本件では修理費が時価額を上回っていることは比較的容易に心証形成されたものと思われ、実質的には時価額をどう認定するかが問題となった。裁判所は、長期間使用している自動車について、その残存価値を認定する場合に、定率法を利用している。これによれば、裁判所が認定した事実上の使用期間内に実際の使用期間が収まっていれば、わずかでも残存価値があることになるが 1 つの算定方法として参考になる。

6 物損

107 定率法を用いて事実上は耐用年数を12年とし、時価額を算定した事例

事故概要

■ 事故日：平成26年3月12日
■ 事故態様：自動車 対 自動車

和解内容

■ 物損

	原告主張	被告主張	裁判所
修理費用／時価額	1,229,040円	×	800,000円 ※1
休車損	17,308円	△	17,308円
レッカー代	81,792円	△	81,792円
代車費用	865,080円	×	291,600円 ※2
総損害額	2,193,220円		1,190,700円
弁護士費用	219,322円		
請求額（認容額）	2,412,542円		1,190,700円
備考	※1 新車価格を3,787,000円、事実上の耐用年数を12年間として定率法（数値の設定には幅があり得る）で約8年間が経過した場合を試算。 ※2 日額9,720円×30日。		

コメント 時価額について、裁判所は新車価格に対して、事実上の耐用年数を12年間として定率法で使用期間である約8年が経過した場合を試算し、原告の修理見積りより低い金額を認めた。ただし、この定率法については、「数値の設定には幅があり得る」と留保している。代車費用については、原告が約3か月分の代車費用を請求したが、裁判所は30日に限り代車の必要性を認めた。裁判所は、長期間使用している自動車について、その残存価値を認定する場合に、定率法を利用している。これによれば、裁判所が認定した事実上の使用期間内に実際の使用期間が収まっていれば、わずかでも残存価値があることになる。なお、この事実上の耐用年数については、ばらつきがある。そのため、原告代理人としては時価額立証に際して、定率法による主張をする場合はもちろん、そうでない場合にも、事実上の耐用年数の立証にも苦心すべきであろう。

6 物損

⑱ 購入後約6か月の国産車につき修理費用の2割を評価損と認定した事例

事故概要

■ 事故日：平成26年4月28日

事故態様

（自動車 対 自動車）

被告車側に一時停止規制のある丁字型交差点において、被告が右方の安全確認を怠り（あるいはコーナーミラーで右方を確認した際に原告車を見落とし）、左方を見ながらアクセルを踏んで右折発進したため、被告車が一時停止線から頭を出したことに気付いて右に避けた原告車の左フロントドア付近に被告車右前部が衝突した事故である。

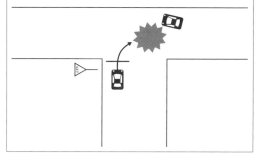

和解内容

■ 物損

	原告／反訴原告	被告主張	裁判所
修理費用	699,376円 /291,200円		699,376円 /291,200円
評価損	513,000円 ※1		139,875円 ※2
代車費用	288,000円		288,000円
コーティング	54,000円		54,000円
総損害額	1,554,376円		1,122,188円 /14,560円
過失相殺			5％
弁護士費用	155,437円		
			77,812円 /440円
請求額（認容額）	1,579,813円 /291,200円		1,200,000円 /15,000円
備考	※1 平成25年10月登録、距離3,844キロメートル、事故なし仮定190万円×事故後評価1,387,000円。 ※2 国産車ではあるが、登録後半年であり、走行距離も3,844キロメートルにとどまっている。修理によっても修理不能な損傷があったとは認められないが、センターピラー等の車両の中心部に関する修理も要したことを考慮し、和解限り、修理費用の2割の範囲評価損の発生を認める。		

コメント 評価損について、原告は平成25年10月登録、距離3,844キロメートル、事故なしを仮定するとその価値は190万円となるが、事故後評価1,387,000円であるからその差額を評価損として主張した。裁判所は、国産車について、登録後半年であること、走行距離も3,844キロメートルにとどまっていること、センターピラー等の車両の中心部に関する修理も要したことを考慮して、修理費用の2割の範囲評価損の発生を認めた。

6 物損

⑩ 購入後約7か月で2万3,000キロメートル走行の高級外国車の評価損を査定された額で認めた事例

事故概要

■ 事故日：平成25年4月24日

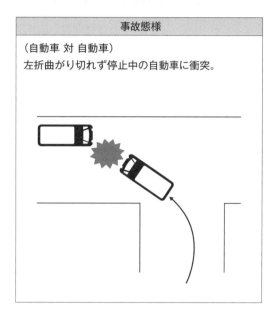

事故態様

（自動車 対 自動車）
左折曲がり切れず停止中の自動車に衝突。

和解内容

■ 物損

	原告主張	被告主張	裁判所
修理費用	2,520,567円	2,071,472円	2,071,472円 ※1
評価損	405,000円	×	○
代車費用	683,550円	○	○
査定代	26,250円	×	○ ※2
総損害額			
弁護士費用	295,186円		0円
既払	▲683,550円		○
調整金			67,278円
請求額（認容額）	3,247,003円		2,570,000円
備考	※1 左側ホイール・タイヤ部分を除く修理費争いなし。 ※2 格落ちが認められるので認める。		

コメント 高級外国車を約1,400万円で購入後、約7か月（走行距離約2万3,000キロメートル）で事故に遭ったケースであり、特に左側ホイール・タイヤ部分の修理が必要か争われた事案である。原告は、既に2万キロメートル以上走行していることから右側だけ交換してしまうと左側と大幅に差異が生じ、走行の安全性を損なうと主張したが、裁判所は、仮にそうだとすると事故前からそもそも減価しているはずであり、修理費としては認めないとした。結論は妥当であると思われる。評価損については、修理費の何割という形でなく、査定による金額をそのまま認めている点も特徴的である。査定額が修理費の2割程度であることから、そのまま採用しても具体的妥当性を欠くことはないと判断された可能性がある。

6　物損

⑩ 登録2年で2万キロメートル走行の高級外国車について、損傷が極めて軽微であることから評価損が否定された事例

事故概要

■ 事故日：平成24年12月4日

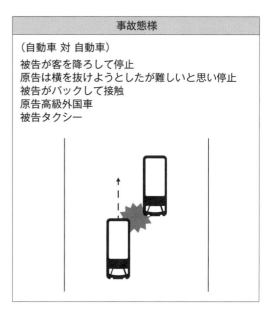

事故態様

（自動車 対 自動車）
被告が客を降ろして停止
原告は横を抜けようとしたが難しいと思い停止
被告がバックして接触
原告高級外国車
被告タクシー

和解内容

■ 物損

	原告主張	被告主張	裁判所
修理費用	36,750円		36,750円
評価損	11,025円		×※1
その他	540円		○
交証・物報交付	8,110円		○
総損害額			10%
弁護士費用	100,000円		
請求額（認容額）	156,425円		40,860円
備　考	※1 2年以上経過していてかつ2万キロメートル以上走っている。損傷内容軽微。		

コメント　登録2年の高級外国車だが、2万キロメートル以上走行していること及び損傷が軽微であることから、評価損を否定しており、参考になる。裁判所が走行距離と損傷の程度のいずれを重視したかは明らかではないが、登録7か月で2万キロメートル以上走行しているケースであっても評価損が認められたものもあることなどからすれば、損傷軽微を重視したのではないかと思われる。いずれにしても、結論的に妥当な判断であることは疑いないだろう。

6　物損

550万円以上の代車費用の請求について40万円の限度で認めた事例

事故概要

■ 事故日：平成25年6月10日

和解内容

■ 物損

	原告主張	被告主張	裁判所
修理費用	5,715,378円	×	4,608,610円 ※1
評価損	9,756,000円	×	691,291円 ※2
保管料	52,500円	△	○
代車費用	5,594,400円	×	400,000円 ※3
※参加人 回収不能見込み額として	8,413,400円		
総損害額			
過失相殺	0%	10%	10%
損益相殺	▲4,558,610円		
弁護士費用	1,655,966円		○
請求額（認容額）	18,215,634円		1,193,790円
備　考	留保所有権者が独立当事者参加（請求は回収不能見込み額8,413,400円）代車は42,000円/日との意見書あり。 ※1 助手席左側ドアの取替え費用は相当因果関係が認められない。左後サスペンションの分解調整も相当因果関係が認められない。 ※2 平成24年8月、1,364万5,000円で購入。14,298キロメートル走行 ⇒ 15％の評価損。 帰属主体について、参加人が、原告との契約関係上、原告に評価損が帰属することを争わないことを前提として、上記のとおり認める。クレジット取引車両であっても、不法行為による評価損は事故発生時に発生しているものとみるのが相当である。査定証の査定額が直ちに本件事故と相当因果関係のある損害となるものではない。 ※3 そもそも代車の必要性を認め難いが、日額2万円から2万5,000円程度期間を14日から20日程度認める。		

コメント

新車価格が1,000万円を超える高級国産車の物損事案である。評価損につき、認定修理額の15％を認めた。また、原告車両は所有権留保が付されており、留保所有権者が独立当事者参加をし、評価損が原告に帰属することを認めたことを前提に、上記の評価損を原告に認めている点が参考になる。また、所有権留保が付されたクレジット取引車両であっても、不法行為による評価損は事故発生時に発生しているとの通説どおりの判断がされている。クレジット取引車両は、評価損が不法行為時に発生していないとする説もあり、訴訟外での交渉は難航することもあるが、本和解においても、通説どおりの判断がされており、妥当だろう。

6 物損

⑫ 代車が同等性能の車種より高額であるとして日額を制限した事例

事故概要

- 事故日：平成25年8月6日
- 事故態様：自動車 対 自動車

和解内容

■ 物損

	原告／反訴原告	被告主張	裁判所
修理費用	971,198円／329,790円	○	971,198円／329,790円
代車費用	1,819,650円 ※1	×	960,000円 ※3
総損害額			
過失相殺	0%／100%	50%／50% ※2	70%／30%
調整金			48,162円／1,063円
請求額（認容額）	3,069,932円／329,790円		1,400,000円／100,000円
備考	※1 32,000円×1月＋27,000円×63日×5％。 ※2 原告は被告がそこを使っていることを認識していた。バックモニターを見ながら徐々に後退していたし、接触地点は被告が賃借している建物の敷地内である ※3 相当な修理期間は64日間とする。原告は通勤と業務（パチンコ台運搬）のために代車を使用したものと認め、上記修理期間中について代車の必要性を認めるが、使用目的に照らして同等の性能を有する車種と比較して著しく高額というべきである。さらに修理期間の長期化が見込まれていたことを考慮すれば原告においても損害拡大防止の観点から使用目的に照らした相当の月額の代車を使用すべきであったというのが相当である。以上の事情を考慮し、和解限り、原告の代車料を日額1万5,000円の限度で認める。		

コメント 代車費用について、裁判所は、原告が通勤と業務のために代車を使用したものと認め、修理期間中（約2か月）について代車の必要性を認めた。しかし、使用目的に照らして同等の性能を有する車種と比較して著しく高額というべきであり、さらに修理期間の長期化が見込まれていたことを考慮すれば原告においても損害拡大防止の観点から使用目的に照らした相当の月額の代車を使用すべきであったというのが相当であるとし、原告の代車料を原告主張額より低い金額の限りで認めた。

裁判所は、代車費用について、使用目的に照らして代車として使用する車種としての妥当性を判断するべきであるとし、また修理期間が長期になるのであれば、さらに金額が高額にならないように損害拡大防止に努めるべきであるとしており、参考になる。

6 物損

⑬ 休車損害を原告につき51日間、被告につき55日間認めた事例（日額算定の方法など）

事故概要

- 事故日：平成25年2月8日
- 事故態様：自動車 対 自動車
  事故当時雪のため区画線が見えなかった。
  登坂車線は除雪なく15cmの積雪。高速道路上の追突。
  争点はYが左に寄ったのか、X1が右に寄ったのかであった。

和解内容

- 物損

	原告主張	被告主張	裁判所
修理費用	X2:1,172,388円	Y:2,874,680円	X2:○ Y :○
休車損	X1:2,515,473円	Y:2,963,620円	X1:1,785,000円 Y:1,100,000円 ※1
総損害額			
過失相殺	0%		X1:Y=20%：80% ※2
弁護士費用	X1:250,000円	Y:583,830円	双方0円 ※3
請求額（認容額）	X1:2,765,473円 X2:1,172,388円		X1:1,428,000円 X2:937,910円 Y:794,936円
備考	\{X1の営業損 ・平成24年10月　284,500円 　　　　11月　281,000円 　　　　12月　1,491,400円 　平成25年　1月　1,766,500円　　12,1月と冬の方が売上げ高い。 ・平成23年3月末期の売上げ2,206万円 　　　　⇔平成25年3月末期の売上げ2,116万円 ・請求式　12月＋1月＋燃費＋高速代＝日額4万9,323円 Yの営業損 ・39台保有⇔遊休車他にあるのではと原告から指摘あるも1,380kgの積載は他になかった。 ・110日の期間 ・請求式 　平成25年11月　1,373,510円 　　　　12月　1,149,510円 　平成26年　1月　1,166,010円 　の合計＋燃費＋高速代＝日額2万6,942円。 ※1 X1：日額は35,000円。期間は51日。Y：日額は2万円。期間は55日。 ※2 証拠に照らし、X1車が風にあおられて右側に移動し、Y車が後方から衝突したものと認定する。X1に過失があるが、Yにもないとはいえない。これと、悪天候、視界不良、であったこと、雪道であるにもかかわらずYが制限速度を30km/hオーバーしていたことを考慮。\}		

| 備　考 | ※3　双方に過失ありなので付さない。 |

コメント　事業用の車両同士の物損事案である。主な争点は、過失割合及び休車損である。前者に関しては、悪天候で視界不良の強風の中、確たる証拠が多くないところ、両当事者に過失を認めた。後者については、特殊車両であることの特殊性を考慮のうえ、一部を認めた。期間については両当事者の主張をそれぞれ認め、日額についてそれぞれ一部を認める形をとっている。

6 物損

⑭ 買換期間及び交渉期間の合計47日間の代車使用期間を認めた事例

事故概要

■ 事故日：平成26年3月9日
■ 事故態様：自動車 対 自動車
　　　　　　渋滞のために停止していた際、うしろから追突された。
■ 被害態様：
　● 傷病名：頸椎捻挫（搭乗者2人とも）
　● 通院状況：通院日数　実3日
■ その他：原告は途中で新車を購入しており、経済的全損か否かが争いになっている。
　　　　　代車の相当期間について、原告は1日9,720円で69日間を主張。

和解内容

■ 人身

	原告主張	被告主張	裁判所
治療関係費	0円		0円 ※1
休業損害	47,784円		47,784円
傷害慰謝料	57,000円		57,000円 ※2
もう1人の傷害慰謝料	57,000円		57,000円
総損害額（物損含む）	1,548,366円		1,132,416円
弁護士費用	149,517円		
調整金			27,584円
請求額（認容額）	1,697,883円		1,160,000円
備考	※1 治療費は支払済み。 ※2 赤い本別表Ⅱ実3日。		

■ 物損

	原告主張	被告主張	裁判所
買替え費用		188,000円	460,592円 ※3
修理費用	662,702円		
代車費用	670,680円		456,840円 ※4
登録費用	53,200円		53,200円
総損害額			
請求額（認容額）			
備考	※3 本体価格416,592円（原告主張）を採用しカーナビ等載換費用45,000円を加算。下取り1,000円を控除。その余のオプション、改装、タイヤ交換、及び猫運搬による減価については個体差の範囲。		

備　考	※4 原告の妻が登録を受けて猫のブリーディングをしていたこと、被告加入の保険会社が代車費用を認めていたことがうかがわれることから、代車の必要性を認める。相当期間については買換期間として現実にかかった28日間に交渉期間として本件事故日から原告が被告側保険会社の提示額を不服として被告に差額の負担を申し出た3月27日までの19日間を加えた47日間を認める。

コメント　代車費用について、買換期間及び交渉期間の合計47日間分を認めている事例。通常、代車の使用料については、必要性・相当性の観点から1週間から2週間程度を限度に認められるものであるが、本件は、47日間を認めており、比較的長期の代車使用が認められたといえる。この和解案は、必要性・相当性について実態に即した判断を行ったという点において、参考になる。

6 物損

⑮ 登録後2年以上経過し2万キロメートル以上走行の高級車につき修理費の約20%の評価損が認められた事例

事故概要

- 事故日：平成25年11月2日
- 事故態様：自動車 対 自動車
  赤信号追突。

和解内容

■ 人身

	原告主張	被告主張	裁判所
治療関係費	87,060 円		87,060 円
傷害慰謝料	530,000 円 300,000 円	× ×	210,000 円
総損害額			
請求額（認容額）			

■ 物損

	原告主張	被告主張	裁判所
修理費用	1,672,010 円		1,672,010 円
評価損	501,600 円		300,000 円 ※1
代車費用	259,500 円	○	259,500 円
交通費	2,000 円	○	2,000 円
総損害額　人含む	3,352,170 円		2,530,570 円
損益相殺	▲296,220 円		▲296,220 円
調整金			65,650 円
請求額（認容額）	3,360,950 円	0 円	2,300,000 円
備考	※1 平成23年7月登録、22,844キロメートル走行。 →評価損を認めた。		

コメント　登録後2年以上経過し、走行距離22,844キロメートルであった高級車について、原告は修理費用の3割を評価損として主張したが、裁判所は約2割として認めた。ただし、被告も形式上は評価損発生を否認するものの、強く争う姿勢はみせていなかった点は留意したい。評価損についての相場観を知るうえで参考となる事例である。なお、人身損害について原告は、被告に一方的過失があることを前提に30万円の慰謝料増額を主張したが排斥されている。この点は妥当だろう。むしろ事故日に通院した後の通院が1月下旬であったことからすると、判決においては慰謝料や治療費の発生が否定されかねないケースであったのではないかと思われる。その意味で、治療費を全額認めつつ慰謝料を約1か月分認めた裁判所の和解案も被害者にとっては妥当なものであったのではないだろうか。

7. その他

　その他については、個々のケースでは重要と考えられるものの、カテゴリーとするには数が少なすぎてサンプルが集めにくかったものを一緒くたにして掲載させてもらうこととしたものである。将来介護費、就業遅れなど、いずれも参考になるケースであると思われるのでぜひ参照されたい。

7 その他

⑯ 路外への後退進出車と自転車との衝突で、自転車の過失を 0％ とした事例

事故概要

- 事故日：平成 22 年 2 月 23 日
- 症状固定日：平成 23 年 3 月 11 日
- 被害態様：
  - 傷病名：脳挫傷、外傷性脳出血、急性硬膜外血腫
  - 通院状況：入院日数　179 日
    ※退院（平成 22 年 8 月 20 日）以降は施設に入所。
    通院日数　実 3 日
  - 後遺障害等級：2 級 1 号高次脳
    要介護 4 を受けた。
  - 既往症：なし
- その他：平成 26 年 4 月 6 日に被害者死亡。

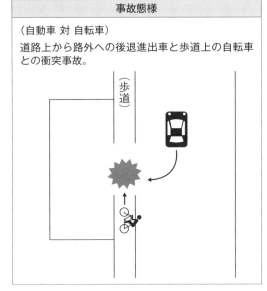

事故態様

（自動車 対 自転車）
道路上から路外への後退進出車と歩道上の自転車との衝突事故。

和解内容

■ 人身

	原告主張	被告主張	裁判所
治療関係費	950,748 円	○	○
固定までの介護施設費用	1,924,260 円	1,346,982 円	1,385,467 円 ※1
入院雑費	270,000 円	195,000 円	268,000 円 ※2
通院交通費・宿泊費等	59,730 円	54,400 円	54,400 円
傷害慰謝料	2,468,000 円	○	○
死亡までの介護費	8,695,989 円	6,087,192 円	6,261,112 円
成年後見関連費用	267,700 円	0 円	○
後遺障害慰謝料	23,970,000 円	○	○
総損害額			
過失相殺	0％		0％ ※3
損益相殺 うち自賠	▲3,760,128 円		
調整金			4,339,221 円
請求額（認容額）	41,361,407 円	34,067,174 円	39,000,000 円
備考	※1 各証拠のうち、被告の主張する食材費、日用品、洗濯代、理美容代、歯科治療費等は約 28％ である。よって、原告請求額の 72％ を認める。 ※2 入院日数は 179 日である。 ※3 道路上から路外への後退進出車と歩道上の自転車との衝突事故であり、判タ【229】。被害者は高齢者であり、－10 修正。被告主張の事情は修正要素に当たらない。			

コメント 後遺障害2級の事案である。介護費用につき、食材費や日用品等が占める割合が約28%であると認定し、原告請求額の72%を認めた。その他はほぼ原告主張どおりの額が認められた。被告から過失相殺の主張がされたが、さいたま地判平成24年10月22日民集45巻5号1284頁も参照し、原告の過失を認めなかった。

7 その他

⑰ 3つの事故が重なったが、第1事故について非該当、第2、第3事故については共同不法行為が成立することを認めた事例

事故概要

- 事故日：①平成21年7月5日　②平成23年4月26日　③平成23年12月13日
- 事故態様：自動車 対 自転車
  - 第1事故は判タ【241】。
- 職業等：給与所得者
- 年収：380万円
- 症状固定日：平成24年9月25日（34歳）
- 被害態様：
  - 傷病名：①頸椎捻挫、右足打撲
    - ②頸椎捻挫、腰椎捻挫
    - ③頸椎捻挫、腰椎捻挫、頭部打撲
  - 通院状況：通院日数　第1事故　実248日（病院20、整骨院228日）
    - 第2事故と第3事故　期間17月　実278日（病院32、整骨院246日）
  - 後遺障害等級：①×②と③で首腰併合14級（共同不法行為）

和解内容

■ 人身

	①原告	①裁判所	②原告（第2事故固有）	②裁判所	③原告（第2、第3事故）	③裁判所
治療関係費	1,392,477円	○※1	1,307,920円	○※5	1,337,756円	○※6
入通院付添費	168,900円	○※2	226,500円	○※5	149,460円	○
休業損害					178,286円	○
傷害慰謝料	1,211,000円	1,000,000円※3		600,000円※7	1,243,000円	500,000円※7
後遺障害逸失利益					1,702,278円	822,605円※8
後遺障害慰謝料					1,100,000円	○
総損害額						
過失相殺	0%	15%※4	0%	0%	0%	0%
損益相殺 うち自賠	1,392,477円	○				
小計		784,694円				
調整金		161,907円				
請求額（認容額）		物損と合わせて950,000円（Y1からXへ）	－523,500円	830,000円 Y2からXへ	3,985,326円	1,410,000円 Y2Y3からXへ（連帯）
備考	※1 整骨院は必要性相当性必ずしも認め難いが、保険会社より既払いであることも考慮し、算入。 ※2 和解限り。 ※3 赤い本別表Ⅱ　期間13月　実248日（病院20日、整骨院228日）を考慮。 ※4 判タ【241】基本10：90にXの右側通行（＋5）で15：85。 　　Y1は、一時停止したと主張するが、Y1の説明によると、XはY1に衝突された後、1.7m飛ばされているため、一時停止後の発進直後とは考え難いうえ、仮に一時停止していたとしても、安全確認していないので、修正はしない。					

備　考	※5 ※6 ※1と同様 ※7 赤い本別表Ⅱ。期間17月、実278日（病院32日、整骨院246日）を総合考慮し、110万円と認定。ただし、これは第2事故から第3事故の通院分も含まれているため、この一部である60万円は、第2事故固有の損害とする。 ※8 基礎収入は380万円とする。5％5年。

■ 物損

	①原告	被告主張	①裁判所
時価額	20,000円		4,000円
総損害額			
過失相殺			15%
請求額（認容額）			4,000円
備　考		購入金額全額は認められず、時価は2割程度。	

コメント　3つの事故の事例である。第1事故治療中に、第2事故に遭い、その治療中に第3事故に遭った。すべての事故で頸椎捻挫を負っており、第2事故と第3事故では、腰椎捻挫も共通している。自賠責の判断では、第1事故を単独でみて、後遺障害は非該当、第2事故と第3事故については、頸椎捻挫と腰椎捻挫それぞれ14級を認め、共同不法行為と認定した。裁判所は、第1事故と、第2事故固有のものと第2事故第3事故のものと損害を分け損害額を計上している。第2事故に遭ってから第3事故に遭うまでを第2事故固有の損害としている。

7 その他

⑱ 外国人留学生の損害算定に当たり、為替レートの基準時を事故日とした事例

事故概要

■ 事故日：平成 24 年 4 月 14 日
■ 事故態様：自動車 対 歩行者
　　　　　　横断歩道歩行中、衝突され、40 メートル引きずられて死亡
■ 職業等：外国人講師、アメリカ人
■ 年収：24 万 4,252 円 / 月

和解内容

■ 人身

	原告主張	被告主張	裁判所
治療関係費	471,770 円	471,770 円	471,770 円
葬儀費用	2,099,979 円		2,099,979 円 ※ 1
死亡逸失利益	75,145,778 円		57,602,303 円 ※ 2
死亡慰謝料	31,000,000 円		23,000,000 円
総損害額	109,358,484 円		83,176,782 円
過失相殺	0%		0% ※ 3
損益相殺	▲ 30,472,870 円		▲ 30,472,870 円
うち自賠	▲ 3,001,100 円		
弁護士費用	85,672,388 円		
調整金			5,296,088 円
請求額（認容額）	94,239,626 円		58,000,000 円
備　考	\multicolumn{3}{l}{原告主張は平成 26 年 4 月 10 日時点のレート 103 円。 ※ 1 遺体搬送費用を含むため、全額認容、和解限りでレート 103 円。 　　あと 1 年講師を継続した後、アメリカに帰る蓋然性が高いというのが原告主張、その後はアメリカの学士号有する 18 歳以上の平均賃金 8 万 1,376 ドルで算定。 ※ 2 本件訴訟前に原告代理人が、被害者が日本に残る可能性が高い旨表明したことを考慮、また被害者の収入が日本の学歴別平均賃金を下回っていたことを考慮すると、日本における男子大学大学院卒全年齢平均賃金 6,481,600 円を採用、期間は 67 歳までの 45 年、生活費控除は 50%。 ※ 3 夜間と速度超過の過失で 0%。 　　なお、裁判所案は元本充当しない代わりに調整金。}

コメント 外国人留学生の死亡逸失利益の基礎収入の算定方法及び為替レートの基準時が争いになった事案で、前者については帰国の蓋然性を吟味したうえで具体的な判断を示し、後者については特に裁判所の考え方を示すことなく事故日のレートを採用した事案。原告は大学卒業後、日本に留学に来て英語講師をしていたところで交通事故により死亡した事案。原告は、あと4か月で帰国する予定だったことを理由に4か月は日本の賃セを前提にし、その後はアメリカの平均賃金を前提に基礎収入を算定するべきであると主張した。裁判所は、短期間の帰国の可能性があることは認めるも、帰国が現実的であったとまではいえないとして日本の賃セを使用して基礎収入を算定した。この点については、帰国が相当程度現実的であれば、日本での事故であっても海外の基礎収入を使用する余地を残したといえ、その被害者の実際の生活に即した柔軟な考え方がうかがえる。また、原告は、ドルでの出捐について円に換算する為替レートの基準時を、いわば最もレートが高い時にするべきであると主張し(原告は訴状では事故日のレートを採用している。)、これに対して被告は、為替レートの基準時は、①本件事故発生によって具体的に遺体搬送料が確定すること、②遺体搬送料に関する遅延損害金の基準日も本件事故日であること、③本件事故後の為替レート変動分（特に円安になった部分）についてまで遅延損害金が加算されることは明らかに公平を失することなどからすれば、本件事故発生日と解するべきである、と主張した。この点について裁判所は、特に理由を付さずに事故日のレートを採用した。

7 その他

⑲ 高次脳3級、複視10級の併合2級の原告の将来介護費を1日3,000円と認定した事例

事故概要

- 事故日：平成22年11月12日
- 職業等：学生
- 症状固定日：平成25年3月28日（22、3歳）
- 被害態様：
  - 後遺障害等級：併合2級3号
    高次脳3級＋複視10級

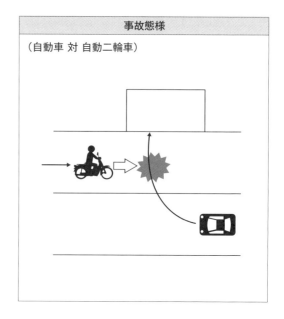

事故態様

（自動車 対 自動二輪車）

和解内容

■ 人身

	原告主張	被告主張	裁判所
治療関係費	3,559,263円		○
入通院付添費	5,293,000円		3,468,000円 ※1
入院雑費	255,500円		○
通院交通費・宿泊費等	37,320円		○
傷害慰謝料	4,000,000円		3,600,000円
後遺障害逸失利益	114,824,240円		104,148,760円 ※2
後遺障害慰謝料	25,000,000円		25,000,000円
将来介護費	41,214,705円 ※3		20,607,352円 ※4
固有	4,000,000円 ※5		
総損害額			
過失相殺			10%
損益相殺 うち自賠	▲25,900,000円		
弁護士費用	19,000,000円		
調整金			17,921,269円
請求額（認容額）			130,700,000円 ※6

備 考	※1 日額 4,000 円 ※2 47 年 ※3 6,000 円／日 ※4 3,000 円／日 ※5 各 200 万円 ※6 原告意見、遅損金を考慮すると 1.5 億円 → 1.4 億円。

コメント 高次脳機能障害3級、複視10級による併合2級の認定を受けた被害者の将来介護費について、原告は日額6,000円を主張したが、裁判所は日額3,000円とした。これは、複視の後遺障害は実質的にそれほど介護負担を与えるものではないことなどを考慮したものではないかと思われる。なお、裁判所の和解案は1億3,070万円だったが、遅延損害金を考慮すれば1億5,000万円程度になるという原告の意見を受け、最終的には1億4,000万円で和解が成立している。

7 その他

⑫ 就職が決まっていた看護学生の就職遅れと追加学費を損害として認めた事例

事故概要

- 事故日：平成24年9月24日
- 事故態様：自動車 対 自動二輪車
  被告車が右折禁止場所で転回に近い態様で右折しようとした際の衝突。
- 職業等：看護学校3年生、4月からの病院勤務が決まっていた（1年遅れ）。
- 症状固定日：平成25年10月18日（34歳）
- 被害態様：
  - 傷病名：右足部多発性骨折、背部挫傷、頸椎捻挫、右肘挫創、右肩関節挫傷
  - 通院状況：入院日数　21日
    通院日数　実70日
  - 後遺障害等級：右下肢機能障害12級
    右中足指関節機能障害13級

和解内容

■ 人身

	原告主張	被告主張	裁判所
治療関係費	1,992,082円		1,992,082円
通院交通費・宿泊費等	280,570円		280,570円
装具・器具等購入費	28,067円		28,067円
就職遅れ	3,750,000円		3,750,000円
傷害慰謝料	1,730,000円		1,730,000円
追加学費	1,378,940円		1,378,940円
後遺障害逸失利益	16,952,408円		12,001,875円 ※1
後遺障害慰謝料	4,200,000円		4,200,000円
総損害額	30,685,467円		25,734,934円
過失相殺			5% ※2
損益相殺　うち自賠	▲7,889,869円		▲6,603,122円 ※3
弁護士費用	2,200,000円		
調整金			1,154,935円
請求額（認容額）	24,995,598円（物損含む）		19,000,000円（物損含む）
備　考	※1 原告の年齢等に鑑みると学歴計男子全年齢平均賃金を基礎として逸失利益を算定するのは相当といえず、就業予定であった病院における収入375万円を基礎として逸失利益を算定する和解を提案する。 ※2 被告車が右折禁止場所で転回に近い態様で右折しようとした際の衝突事故であること、合図の有無についての主張立証状況等を考慮し、原告の過失割合を5%とする和解案を提案する。 ※3 人身傷害保険会社からの保険金788万9,869円と過失相殺後の損害2,444万8,187円の合計3,233万8,056円が過失相殺前の損害2,573万4,934円を上回る660万3,122円を控除する。		

■ 物損

	原告主張	被告主張	裁判所
時価額	197,000 円		197,000 円
レッカー代	8,400 円		8,400 円
着衣	168,000 円		168,000 円
総損害額			
請求額（認容額）			

コメント 翌年の就職が決まっていた学生に対して、1年の就職遅れに対する損害を認め、その算定の基礎として就職する予定である病院での収入を採用した。逸失利益についても同額を基礎収入として計算している。また、1年追加で発生した学費についても損害賠償の対象として認めており、参考になる。

サービス・インフォメーション
━━━━━━━━━━━━━━━━━━━━ 通話無料 ━━━━
① 商品に関するご照会・お申込みのご依頼
　　　　　TEL 0120(203)694／FAX 0120(302)640
② ご住所・ご名義等各種変更のご連絡
　　　　　TEL 0120(203)696／FAX 0120(202)974
③ 請求・お支払いに関するご照会・ご要望
　　　　　TEL 0120(203)695／FAX 0120(202)973

●フリーダイヤル（TEL）の受付時間は、土・日・祝日を除く
　9：00～17：30です。
●FAXは24時間受け付けておりますので、あわせてご利用ください。

交通事故裁判和解例集
― 裁判上の和解における損害賠償実務とその傾向 ―

平成28年12月30日　初版発行

編　著　弁護士法人サリュ　交通事故和解研究班
発行者　田　中　英　弥
発行所　第一法規株式会社
　　　　〒107-8560　東京都港区南青山2-11-17
　　　　ホームページ　http://www.daiichihoki.co.jp/
装　丁　タクトシステム株式会社

交通事故和解例集　ISBN 978-4-474-05587-2　C2032（1）